Tennis Training Method

for elementary school students
to high school students

日本文芸社

Introduction

テニスはジュニア期にもっとも効率よく上達できる

「ジュニアの時期はボールをたくさん打って、ボールを打つ感覚を磨くことが大切」と考えている方が多いことでしょう。ボールを打つ感覚を身につけることも確かに大切ですが、それだけでは不十分です。

それと同時に、テニス独特の動きを身につけることが大切なのです。大人になってから身につけるのに時間がかかることを考えると、その重要性は非常に高いと考えられます。

激しい動きのなかでも正しいフォームを保つことが大切

テニスを始めるときは、まず素振りでフォームづくりを練習します。そして、素振りができるようになったところで、まずボールを打つことになると思います。テニスの場合、ラケットの面が大きいため、野球やゴルフのように空振りや打ち損ねることも少なく、比較的かんたんに打て

ると感じることでしょう。

しかし、それはコーチが打ちやすいところにボールを出してくれているからなのです。その証拠に、前後左右に動いてからボールを打ってみると、一気に打球をコントロールできなくなってしまいます。初心者でなくとも、その移動距離が長くなるほど、ショットの精度は低くなることでしょう。その原因は「フォームの乱れ」にあります。

姿勢を保つバランス力がショットの精度を生む

テニスのスイングは、まず下半身から始動するのが基本です。まず体をひねってラケットを準備したところから、打点に入ったところでボールを打ち出す方向への重心移動を行います。その下半身の動きに同調して、体幹を使ってスイングを開始します。ボールを打った後も、前方に体が流れずにバランスを保てていることで、次の打球にも素早く反応できるようになります。

この基本的な動きをするには、スイングを開始する時点でバランスが保てていることが前提となります。つまり、移動したところで、バランスを崩さずにしっかり止まり、必要に応じて動作の方向を切り返して重心移動を行う必要があるのです。

ジュニア期に効率よくバランス力を身につける

この体の使い方をもっとも効率よく身につけることができるのが、ジュニアの時期なのです。なかでも、神経系の発達がもっとも著しいとされているのが、ゴールデンエイジと呼ばれている小学校4～5年の時期と言われています。この時期に運動神経の大半ができあがってしまうため、自分の体をコントロールできるだけの「バランス力」を身につけておくことが重要です。

トレーニングで体に磨きをかけ、さらに高い技術を身につけ、今よりワンランク上の世界に足を踏み入れましょう。

CONTENTS

CONTENTS

APPENDIX

ケガの再発をしない!!
ケガからの復帰トレーニング

PART 1

パフォーマンスがみるみる上がる!

ジュニアのためのトレーニング

新たに技術を習得するより早く効果が出るトレーニング

自分が努力した分だけ確実に効果が出るのがトレーニング。新たな技術を身につけたいのであれば、まずはその土台となる体づくりから始めることが大切。

テニスに限らず多くのスポーツ競技に必要とされるのが、より高い技術の習得と体力、そしてメンタルの強さです。

より高い技術を習得するためには、自分の体を思ったようにコントロールするためのバランス力、練習に耐えうるだけの筋力や持久力、ケガをしないための柔軟性、途中であきらめないメンタルの強さが必要になります。これらのすべてを身につけることができるのがトレーニングです。

また、技術を習得するには段階を追って練習する必要があるので、ある程度の時間がかかります。しかし、トレーニングはやった分だけ効果が表れます。相手がいなくても、年齢に関係なくいつからでも始められるのがトレーニングです。

土台となる体力をつけて技術を積み上げていく

技術習得の基礎となるのが体力です。基本技術を身につけるためには、そのプレーに必要とされる最低限の筋力や柔軟性が必要とされます。さらに、すぐに疲れてしまってはプレーができなくなってしまうので、持久力も大切な要素となります。これが土台となって、自分が身につけられる技術の幅が決まってしまうのです。

※ 土台がしっかりしているほど、上に乗る技術の幅も広がる

さらに高度な技術を身につけたいと思うのであれば、基本技術を確実にできるようにしておく必要があります。

つまり、すべての土台となる体力を身につけておくことで、技術的な伸びしろが大きく変わるのです。その体力を身につけるための、唯一の方法がトレーニングということになります。さらに、体力を身につけることでケガをしにくい体になり、

PART2：初級者が身につけておきたい技術

テニスの動作に慣れる

　まずテニスの動作に慣れることです。技術としては基本のストロークの習得です。早めに体をターンさせ、正しい姿勢で打てるようになることでラリーを打ち合えるようになりましょう。
　柔軟性やバランス能力に重点を置いたトレーニングを中心に基本技術を習得しましょう。

P.31～参照

PART3：中級者が身につけておきたい技術

ぶれない基本姿勢を確立する

　フットワーク＋バランス＋重心移動でしっかり打てるようになるのが目標です。また、打つ位置によって、目的に合わせたボールを打ち分けられる能力も身につけておきましょう。
　さらに、高いバランス能力と瞬発力に磨きをかけるトレーニングを中心に行いましょう。

P.63～参照

PART4：上級者が身につけておきたい技術

さらに高い技術を身につける

　パワーアップと同時に、試合に勝つための新たな技術を習得していくことが大切です。そのためには、今までよりもさらに動きのキレや身体能力を磨く必要があります。
　パワーを要する瞬発系やバランス系のトレーニングに加えて、持久力を高めるトレーニングもやっておきましょう。

P.105～参照

その過程で試合に勝つために必要なメンタルも身につけることができるのです。
　たとえば、今まで週に３日テニスの練習をしていたのであれば、その1日をトレーニングに置き換えてみてください。ボールを打たなくても今までよりもいいテニスができるようになるはずです。
　各年代で身につけていきたい能力や目標としたいプレーを上記のとおりまとめました。
　本書では、ボールを打たなくてもテニスが上達するためのトレーニングを紹介していきます。トレーニングを習慣化することで、テニスの体の使い方をおぼえると同時に、ケガをしにくい体をつくることができます。
　トレーニングを通じて試合に勝つためのメンタルも身につけることができます。隣にいる選手、目標とする選手より練習したという自信が、「絶対に負けない」という信念にもつながり、その結果が試合の勝敗として表れます。

最初に理解しておきたい テニスの動作のポイント

テニスで大切なのはバランスのとれた姿勢。正しい待球姿勢からのスプリットステップ、バランスを維持できた打点に入る動作が正しいスイングにつながる。

トレーニングを始める前に、最初に理解しておきたいのが、テニスの基本の動きです。

テニスでは、打球に素早く反応して、できるだけ早く打点に入り、正しいフォームでスイングするのが基本です。つまり、反応速度、早い準備、正しいスイングとなります。

テニスのレベルによって求められるレベルは変わりますが、この3つの要素はテニスをやるうえで必要不可欠と言えます。そして、この各要素をレベルアップさせていくために必要となるのが、瞬発力、バランス力、姿勢を維持するための筋力など、トレーニングによって強化することのできるものなのです。

バランスのとれた姿勢からのスプリットステップで反応する

ボールを打つ前に大切なのがバランスのとれた「①待球姿勢」です。そこから、相手がボールを打つ瞬間に、その場で軽くジャンプする「スプリットステップ（P.15参照）」を行うのが基本とされています。

相手がボールを打った瞬間にコースを判断し、足が地面に着地した反動を利用することで、より大きなパワーを発揮して素早く移動することができます。

① 待球姿勢

重心バランスのとれた正しい姿勢を身につける

P.14参照

ここで大切なのが着地の姿勢です。もとから重心のバランスがとれた正しい姿勢で立てていないと、着地したときのバランスも乱れてしまいます。まずは正しく立ったところから、スプリットステップをできるようにしておきましょう。

素早く打点に入って軸足でピタッと止まる

移動を開始すると同時に、スイングの準備を行うことが大切です。

初心者に多く見られるのが、まず移動して打点に入ってからスイングの準備をする光景です。それではひとつ一つの動きがバラバラになってスムーズな動きができなくなってしまいます。力みや振り遅

② スプリットステップ

その場ジャンプの反動を利用して素早く打球に反応する

P.15参照

③ 正しいスイング動作

正しい体の使い方でパワフルかつ体に無理のないスイングを身につける

P.16参照

れの原因にもなるので注意が必要です。

また、中級者レベルになったら、できるだけ少ない歩数で打点に入れるようにしておくことも大切です。無駄なステップを踏んで時間をかけるのでなく、最小限のステップで素早く打点に入ることで、打てる範囲が広がります。

打点に入るときは、まず軸足でバランスをとりながらしっかり止まることが大切です。ここでしっかりタメをつくることで、「③正しいスイング動作」ができるようになるのです。

下半身始動のスイングで最小限の力で最大パワーを発揮する

体重が軸足に乗ったところから、打ち出し方向に踏み出しながらスイングを開始します。つまり、下半身にできたタメを打ち出し方向に切り返すのがスイング動作です。

重心を前に移動すると同時に体幹を回転させ、それに同調して腕の振りが加わります。重心移動→体幹の回転→腕の振りを正しく身につけることで、最小限の力で最大のパワーをボールに伝えることができるようになります。

腕の力だけで打とうとすると、スイングのスピードが落ち、腕にかかる負担が大きくなります。下半身や体幹に比べて腕の筋肉は小さいため、すぐに疲労してコントロールが利かなくなってしまいます。また、インパクトでひじや手首に大きな負荷がかかるため、ケガや故障のリスクも高くなります。

バランスがとれた待球姿勢からスプリットステップ

まずは、待球姿勢でバランスよく立つことが大切です。多少つま先寄りの左右均等の荷重バランスで、リラックスした姿勢で立ちます。

スプリットステップでは、上体の姿勢を維持したまま、真上に軽く跳び、着地の反動を利用して次の動作に移りましょう。最初からバランスよく立てていないと、スプリットステップの着地でもバランスが崩れてしまうので注意しましょう。

待球姿勢

● スプリットステップ

POINT
上体の軽い前傾を維持しながら真上に軽くジャンプする
POINT
着地の反動を利用することで素早く力強いパワーを発揮できる
ジャンプのときに体が伸び上がらないように注意する
NG
NG 最初から重心のバランスが乱れている
かかと重心は後傾姿勢になる
前傾が深すぎてつんのめった姿勢になる
棒立ちで下半身にタメができない

軸をぶらさず重心移動して体幹を「ターン」させる

ストロークの基本は体幹の「ターン」です。ラケットを後方に引く「テークバック」のイメージが強いと体が後方に流れてしまいます。

打ち出し方向への重心移動から、上体の軸をぶらさずに体幹をターンさせるスイングを意識することで、安定した打球を打てるようになります。

腕の力に頼ったスイングでは疲労が早く、打球も安定しなくなります。また、大きなスイングができないため、ボールの威力も半減してしまいます。

① 上体のターン

軸足を決めて重心を乗せたところで体幹にタメができる

NG 上体が後方に流れる

ラケットを腕で後方に引く意識が強いと上体が後方に流れて軸がぶれる

NG 体が使えていない

体をターンさせずに手だけでラケットを引くと手打ちになる

② 重心移動(踏み込み動作)

上体の姿勢を保ったまま打ち出し方向に踏み出して重心移動

バックハンド

NG 軸ブレで重心移動できない

軸が後方に流れてしまうと打ち出し方向に重心移動ができない

NG 上体が前に突っ込む

上体が前に突っ込んでしまうと振り抜けなくなる

③ 腕のスイング

上体の軸を回転させるイメージで体幹で大きく振り抜く

バックハンド

NG 重心が残ってのけ反る

重心移動せずにスイングするとのけぞってしまう

NG 大きく振り抜けない

重心移動のない手振りのスイングでは大きく振り抜けない

基本技術 ❶

フォアハンドストローク（クローズドスタンス）

テニスでもっとも基本となるのがフォアハンドストローク。スプリットステップで着地したところで、素早く上体をターンさせてラケットを準備しながら打点に移動します。

軸足を決めたところから打ち出し方向に踏み出して重心移動を行います。このとき、上体が前後左右にぶれないように注意しましょう。重心移動を使ったスイングができていれば、大きく振り抜いたところから自然に一歩前に踏み出すことができます。

基本技術 ❷

バックハンドストローク（クローズドスタンス）

フォアハンドストロークと同様に、まず身につけなければならないのがバックハンドストロークです。体の使い方はフォアハンドと同じですが､上体をターンさせた姿勢で移動するため、ボールが見えにくくなります。ここで体を正面に向けずに、肩越しにボールを見るようにすることが大切です。

スイングに関しては、フォアハンドよりも体が開きにくいため、前後に軸がブレにくく、重心移動もしやすくなります。

応用技術❶

フォアハンドストローク（オープンスタンス）

クローズドスタンスに比べて早く打点に入れるのがオープンスタンスのメリットです。レベルが高くなると球速が速くなるためオープンスタンスを使う選手が多く見られます。

楽に打てるとメリットがある一方で、オープンスタンスではボールに大きな力を伝えにくいデメリットもあります。下半身のパワーをしっかり使ってスイングすることが大切です。

また、チャンスボールではクローズドスタンスでしっかり構えて打つようにしましょう。

応用技術 2

バックハンドストローク（オープンスタンス）

バックハンドのオープンスタンスでも、フォアハンドのときと同様に体のひねりを使ってスイングすることが大切です。

体のひねりを大きく使ったパワーを体感しやすいのと同時に、両手打ちバックハンドのデメリットでもあるふところのスペースの狭さを感じずに振り抜くことができるのがオープンスタンスのメリットです。オープンスタンスにすることで、リーチが広くなる分ショットのパワーも強くなります。

練習前にコートで行うストレッチ

練習や試合の前にコートに入ったら、ストレッチをすることが大切です。

その場でじわじわと筋肉を伸ばしていく静的ストレッチでは、筋肉が伸び過ぎてパワーが発揮しにくくなってしまうので、体を動かす前は、動きのなかで行うダイナミックストレッチをやっておきましょう。

それとは逆に練習後には、リラックスして静的ストレッチを行って、筋肉内の疲労物質を除去するといいでしょう。

① 前に歩きながらひざを上げながら腕を左右に広げる

1 両手を前に水平に上げてゆっくり歩く

2 左足を大きく上げながら腕を左右に広げる

3 左足の着地に合わせて腕を元の位置に戻す

4 踏み出す右足を大きく上げながら腕を左右に広げる

② 前に歩きながらひざを上げながら腕を対角方向に広げる

1 両手を前方に水平に上げてゆっくり歩く

2 左足を上げ、右腕を斜め上方、左腕を斜め下方に広げる

3 左足の着地に合わせて腕を元の位置に戻す

4 右足を上げながら左腕を上方、右腕を下方に広げる

③ 前に歩きながらランジ姿勢（P.58参照）で体幹をひねる

手を合わせて水平に上げ右足を大きく踏み出す

ひざを地面に近づけるようにランジ姿勢をとる

下半身の姿勢を維持しながら腕を右に水平に回転させる

右にひねった反動を使って左にも体幹をひねる

上体を正面に戻して左足を大きく踏み出す

最初と逆側でランジ姿勢をとる

姿勢を維持しながら腕を右に水平に回転させる

右にひねった反動を使って左にも体幹をひねる

股関節前面の筋肉を伸ばしながら体幹をひねる

脚を前後に大きく広げて腰を落とすことで、前方の脚のおしりの筋肉（臀筋）、後方の脚のつけ根の筋肉（腸腰筋）が進展されます。その姿勢を維持しながら、軽く反動をつけて体幹や背部の筋肉（腹斜筋、広背筋など）を伸ばしましょう。骨盤をなるべく正面に向けたまま行うのがポイントです。

④ 真横に踏み出してランジ姿勢で体幹をひねる

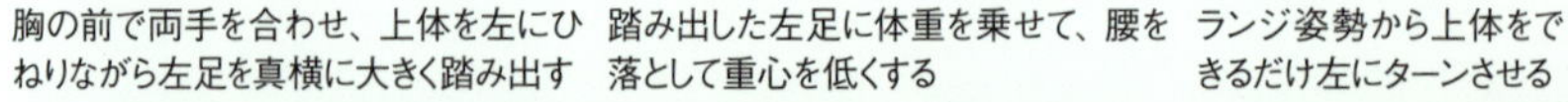

1 胸の前で両手を合わせ、上体を左にひねりながら左足を真横に大きく踏み出す

2 踏み出した左足に体重を乗せて、腰を落として重心を低くする

3 ランジ姿勢から上体をできるだけ左にターンさせる

4 一度、元の姿勢に戻り、右足を大きく真横に踏み出す

5 踏み出した右足に体重を乗せて、腰を落として重心を低くする

6 ランジ姿勢から上体をできるだけ右にターンさせ、元の姿勢に戻る

⑤ ひざを高く上げた「もも上げスキップ」

ひざをできるだけ高く上げ、ベースラインからネットまでスキップで往復する

PART 2

周囲の選手より1歩強くなれる!

初級者のためのトレーニング

テニスの動きに慣れ、ラリーが続くようになろう

素早い上体のターン、打点への移動、バランスを崩さずにクイックストップ、重心移動を使ったスイングなど、テニスの基本となる動きを身につけるためのトレーニングをしておこう。

初級者が目標としたいのは、ラリーを続けられるようになることです。そのためには、スイングだけでなく、正しい体の使い方をおぼえてテニスの動きに慣れることが大切です。

初級者の場合、その場で正しいフォームのスイングができても、少し移動するとフォームが乱れ、全身の動きがバラバラになってしまいがちです。

テニスでは、前後左右のどこに移動しても同じフォームでボールを打つのが理想とされています。そのためには、打点に入るまでの準備動作が非常に大切なポイントとなります。これが、「テニスの動きに慣れる」ということです。

相手がボールを打つと同時に、上体をターンさせて、素早く打点に移動。しっかり止まったところから、前に踏み出しながら重心移動を使ったスイングができるようになりましょう。

トレーニング

本章では、柔軟性を維持するためのトレーニングを多く紹介しています。

それと同時に、ボールの勢いに負けずに打ち返せるようになるためには、テニスの動きに必要な最低限の筋力をつけておく必要があります。

テニスの動作に慣れる

テニスに必要とされるのはスイング動作だけではありません。ボールを打つときは素早く移動して、できるだけ早く打点に入って準備しておく必要があります。これらの動きに慣れておきましょう。

初級者が身につけたい技術

①ストローク

初級者のストロークの目標は、まずラリーを続けられるようにすることです。

安定したショットを打つためには、腕の力に頼るのでなく、体のターンと重心移動を使ったスイングをする必要があります。

とくに、体の小さな小学生の場合など、ボールの力に負けないためにスイングが大きくなり､次の準備が遅れてしまいがちです。

コンパクトにラケットを振り抜けるように練習しておきましょう。

②ボレー

ボレーでは、正しい面の作り方を身につけましょう。打ち出し方向に対して横向きの姿勢で打てるようにするのが最初の一歩です。

③サーブ&スマッシュ

サーブとスマッシュの動作の基本はほぼ同じです。腕を縦方向にしっかり振り抜けるようにしておきましょう。

サーブでは、トスが多少乱れても打てるようにしておくことが大切です。

スマッシュでは、確実に自分の前に来たボールを打ち込めるようになるのが目標です。

④フットワーク

テニスではフットワークが非常に大切です。上体を準備すると同時に、次の打点に素早く移動し、しっかり止まってから、ボールを打てるようにしておきましょう。

ケガの予防

テニスに必要な最低限の筋力をつけ、テニスの体の使い方に慣れておくことで、体全体を使った動作ができるようになります。その結果、体にかかる負荷が分散され、特定部位だけに負担がかからなくなることでケガの予防につながります。

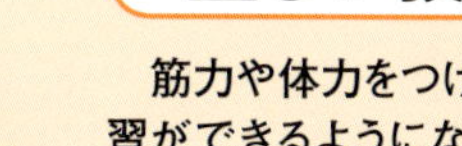

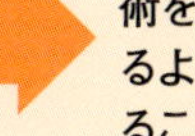

正しい技術の習得

筋力や体力をつけることで、より質の高い練習ができるようになります。さらに、正しい技術を身につけることで、効率のいい動きができるようになります。このようにトレーニングをすることで、ケガをしにくくなると同時に、技術の習得も早まります。

初級者が身につけたい技術 ❶

ラリーを続けられるストローク

ラリーを続けるためには、打球をしっかりコントロールする必要があります。腕の力だけでボールを打っていると、疲労や打つ姿勢によって打球の強さやコースが安定しなくなってしまいます。全身を使ったスイングで、しっかり重心移動できるようにしておきましょう。

1 フォアハンドストローク

●フォアハンドストローク

テニスのストロークでもっとも基本とされているのがフォアハンドストロークです。しかし、実はもっとも難しいのもフォアハンドストロークと言うこともできます。

軸足に体重を乗せたところから、打ち出し方向に1歩踏み込みながらボールを打ちます。正しく重心移動できていれば、打ち終わった後に自然に1歩踏み出すことができます。

2 バックハンドストローク

●バックハンドストローク

バックハンドストロークは、初心者には難しく感じられるかもしれませんが、少し慣れてくるとボールを打つときに肩が開きにくいぶん安定したショットを打てるようになります。

肩越しにボールを見て、しっかり重心移動しながらボールを打てるようにしておきましょう。

スセンター

腕の力でなく重心移動を使って体幹でスイングする

初級者に多く見られるのが、腕の振りだけでボールを打ち返す「手打ち」です。素振りなどでフォームを身につけていても、左右に少し移動すると、ボールに当てる意識が強くなって、手で当てにいってしまうことがあります。

日ごろ、その場で素振りをするときなども、下半身を意識した重心移動を使ったスイングを心がけることが大切です。

初級者によく見られる悪いスイング

NG 棒立ちの姿勢で手だけのスイング

つっ立った姿勢でボールを打つと、腕の力だけのスイングになり、ボールのコントロールが難しくなる。また、インパクトで腕に大きな衝撃がかかるため、ケガのリスクが高くなる

NG 大きすぎるスイング

ボールを打ち負けない意識が強く、スイングが大きくなりすぎると、ボールをコントロールできないだけでなく、体が流れてバランスが崩れるため、次の準備が遅れてしまう

スイング動作の正しい重心移動を身につけるために、

正しい重心移動を使ったスイング

上体をターンさせ、打点に移動。まず最初に軸足を決め、体重を軸足に乗せる

➡

打ち出し方向（スイング方向）に足を踏み込み、体幹を使ってスイングを開始する

➡

体幹と上体の回転に合わせて重心が前に移動し、振り切ったときに踏み出した足に全体重を乗せ切る

スイング後に打ち出し方向にまっすぐ歩いてみよう

初級者が身につけたい技術 2

ボレーショットの面づくり

1 フォアボレー

初級者によく見られる悪いフォアボレー

NG スイングしてしまう

ラケットを振って打とうとすると、ラケットの面がブレて打球をコントロールできなくなる。また、腕に大きな衝撃がかかるためケガにもつながりやすい

NG 上から叩きにいく

体を正面に向けてはたきにいってしまっても打球がコントロールできなくなる。また、打った後にバランスを崩しやすく、次のプレーに遅れてしまいがちになる

ボレーショットでは、相手との距離が近くなる分、ボールを打つ準備をする時間も短くなります。まず、初級者が目標としたいのは、ラケットの「面づくり」です。

面さえできていれば、ボールに当てるだけで相手コートに打ち返すことができます。体を正面に向けずに半身の姿勢で面をつくれるようにしておきましょう。

2 バックボレー

初級者によく見られる悪いバックボレー

NG 打点が高すぎる

打点が高くなったときに手首をこねて上から打ち下ろしてしまう。高いボールは難しいので、初級者の場合、まず打点を見極めて移動して打つことを心がけよう

NG スイングしてしまう

両手のバックハンドではフォアハンドのときよりラケットを引きにくくなるぶん、打ちに行くメージが強いと大きく振り抜いてしまいやすい

初級者が身につけたい技術 ③

サーブ&スマッシュの体の使い方

1 サーブ

2 スマッシュ

サーブとスマッシュの動作では、最初に腕を上から大きく振れるようになりましょう。ボールを打つときにしっかり体重移動をできるようにすることが大切です。

キャッチボールなどを行って、体重移動に合わせた腕の振りを練習すると上達が早まります。

キャッチボール動作に

NG

体が上に伸び切ってしまうとパワーが発揮できなくなる

NG

体を正面に向けたままだと手打ちになってしまう

慣れれば、腕の使い方がかんたんに習得できる!!

初級者が身につけたい技術 ❹

素早いラケット準備とフットワーク

●フォア方向へのフットワーク

相手がボールを打つタイミングに合わせて、まずその場でスプリットステップを行うのが基本です。素早く移動することだけを意識するのでなく、動き出しと同時に上体をターンさせ、打点に入ったところで、すぐにスイングできるように準備しておくことが大切です。

●バック方向へのフットワーク

バック方向への移動も基本はフォア方向のときと同じです。ひとつ異なるのは、上体をターンさせた姿勢で打点に入るときにボールが見えにくくなるため、体が開きやすくなることです。体が開かないように、上体をターンさせたまま肩越しにボールを見ることを心がけましょう。

2 バック方向へのフットワーク

1 フォア方向へのフットワーク

1 開脚ストレッチ

②は左右各 10秒

① 左右の開脚 股関節 太もも内側 太もも背面

床に座って脚を左右に大きく広げ、
その姿勢を10秒キープする

② 前後の開脚 股関節 太もも前面 太もも背面

脚を前後に大きく広げ、
その姿勢を10秒キープ。

※前後の脚を入れ替え、両脚で行う

2 背筋ストレッチ

首・胸　体幹部前面　股関節　太もも前面

**うつ伏せで体を反らせ、
足の裏を頭につけ
その姿勢を10秒キープする**

POINT
ひじを伸ばして床を支えるように上体を反らせる

スムーズに最初の1歩が出る

踏み出し動作での重心移動がスムーズにできるようになる

股関節まわりの柔軟性を高めることでスムーズな動きが可能になる

日ごろから体の柔軟性を高めておくことで、スムーズな動きができるようになります。とくに股関節まわりの筋肉は、身長が伸びる成長期に硬くなりやすいため、日ごろから柔軟性を保っておく必要があります。

可動域を広げておくことで、スムーズにボールの打点に入れるようになります。

柔軟性と腕の筋力を身につける

3 ブリッジ

腕　体幹部前面　股関節　太もも背面

あお向けの姿勢から、ブリッジの姿勢をつくって10秒キープする

POINT
股関節前面の柔軟性が必要

POINT
腰にかかる負荷が大きいため、腰に違和感があるときはやめておこう

バランスキープ
10秒

上半身
体幹
下半身
複合
バランス
柔軟性

立った姿勢から体を後方に反らせてブリッジする

1 肩幅程度のスタンスでまっすぐ立つ

2 バランスを崩さないようにゆっくり後方に体を反らせる

POINT
ひざを前に突き出してバランスをとる

3 できるだけ手前に手をついて、両手と両足で体を支える

4 カベを使った倒立

腕　体幹　股関節

カベを使って逆立ちを行い、
その姿勢を10秒キープする

バランスキープ 10秒

1 カベから適度な距離をとったところで両手を上げて準備する

2 床に両手をつけたところで勢いよく片脚を振り上げる

POINT 勢いよく脚を振り上げる

3 ひじを曲げずに両手でバランスをとって体を支え、姿勢を10秒キープする

POINT 体幹を安定させてバランスをとる

打球に負けない腕の力と自分の体重を支える脚の力やバランス力を身につけよう

体のできていない時期にハードな筋力トレーニングは不要ですが、ケガを予防する意味でも、ボールの勢いに負けずにラケットを振り抜けるだけの筋力はつけておく必要があります。

少なくとも自分の体重は支えられるだけの筋力をつけておきましょう。

インパクトでボールの勢いに負けないためには筋力が必要

体幹が安定しているからバランスを崩さずラケットを振り抜ける

バランス能力と腕の筋力を身につける

5 倒立でんぐり返し

腕 体幹部

いずれかを 3回

上半身 体幹 下半身 複合 バランス 柔軟性

逆立ちしたところからでんぐり返しをする

1 両手を上げて倒立の準備

2 両腕でバランスをとりながら倒立姿勢を5秒キープする

POINT 徐々にひじを曲げてゆっくり床に背中をつける

3 ゆっくり背中を床におろして前転する

4 体をコンパクトに丸めてスムーズに回転させる

かんたんな人は

逆立ちからブリッジする

POINT バタンと前に倒れるのでなく、手でバランスをとりながらゆっくり足を床に近づける

1

2

6 Y字バランス

片脚立ちのバランス能力を身につける

股関節 脚部 体幹部

❶ 横に上げる

まっすぐ立ったところから
片脚を真横に上げ、
姿勢を10秒キープする

POINT
立ち足の足裏にかかる荷重バランスが重要

1
両腕を真横に水平に上げてまっすぐ立つ

2
片脚を横にできるだけ高く上げ、ふらつかないようにバランスをとって姿勢を10秒キープする

❶❷左右各 10秒

❷ 前に上げる

まっすぐ立ったところから
片脚を前に上げ、
姿勢を10秒キープする

POINT
上体をできるだけ後傾させないように体幹を起こして安定させる

1
両腕を真横に水平上げてまっすぐ立つ

2
片脚を前方にできるだけ高く上げ、ふらつかないようにバランスをとって姿勢を10秒キープする

ボールに入る姿勢に必要なバランス力と筋力を身につける

NG
バランスが崩れているとショットをコントロールできない

前後左右に移動したところから、軸足でバランスよく止まれるためには、下半身の筋力と片脚でのバランス能力が必要となります。これらを高めておくことで、体が流れなくなるため、ショットも安定します。

片脚立ちのバランス能力を磨く

7 片脚バランス

股関節 脚部 体幹部

まっすぐ立ったところから片脚を横→前→後ろの順に上げ、それぞれ姿勢を10秒キープする

※左右の脚を入れ替え、両脚で行う

左右各 3回

上半身 体幹 下半身 複合 バランス 柔軟性

1
両腕を真横に水平上げてまっすぐ立つ

2
片脚を横にできるだけ高く上げ、バランスをとって姿勢を10秒キープして元の姿勢に戻る

3
片脚を前方にできるだけ高く上げ、バランスをとって姿勢を10秒キープして元の姿勢に戻る

4
上体を前に倒して片脚を後方に上げ、バランスをとって姿勢を10秒キープして元の姿勢に戻る

POINT
頭から足までを一直線にするイメージで上体を倒す

8 開脚スイング

❶ 前後にスイング

股関節　脚部　体幹部

片脚立ちで浮かせた脚を前後に大きくスイングする

※左右の脚を入れ替え、両脚で行う

POINT
骨盤が外向きに開かないように脚をスイングする

❶❷左右各 10回

❷ 左右にスイング

股関節　脚部　太もも側部

片脚立ちで浮かせた足を左右に大きくスイングする

※左右の脚を入れ替え、両脚で行う

1 片脚を少し体の前方で浮かせて立つ

2 脚を左右に大きくスイングさせる

素早い動きからでもしっかり軸足に乗って止まる

前後左右に大きく動かされたときにダッシュしたところからでも、軸足をセットしてバランスを崩さずにしっかり止まれるようにしておくことが大切です。負荷に耐えられるだけの筋力とバランス能力をつけておきましょう。

股関節の柔軟性とパワーアップに

9 開脚ジャンプ

股関節 脚部

❶ 左右の開脚

まっすぐ立ったところから
左右に脚を広げながら
フルパワーでその場ジャンプ

POINT
できるだけ左右対称に脚を広げられるように、股関節の柔軟性を高めておこう

❷は左右各
5回

上半身
体幹
下半身
複合
バランス
柔軟性

❷ 前後の開脚

まっすぐ立ったところから
前後に脚を広げながら
フルパワーでその場ジャンプ

POINT
左右の脚を入れ替えて行ったときにどちらも同様に広げられるように、股関節の柔軟性を高めておこう

10 クイックネスジャンプ

股関節　脚部

素早い動作と着地のバランス強化に

❶❷ともに 10回

❶ 前後のジャンプ

床にコーンなどを置き
両脚をそろえて
前後に素早く10回ジャンプ

POINT
ジャンプしたときに体が前後に傾かないように注意する

POINT
着地と同時に床で弾むようにジャンプしよう

❷ 左右のジャンプ

横向きに立ち、両脚をそろえ、
左右に素早く10回ジャンプ

POINT
ジャンプしたときに、空中で体が横に流れないように注意する

軸足に乗り切ったところから動作を切り返すパワーを強化する

ダッシュからのストップ動作で、片脚に体重を乗せ切ったところから、スイングに向けて動きの方向を切り返すには、非常に大きなパワーが必要です。足を着地させた瞬間に、その衝撃をやわらかく吸収し、地面の反力を利用して大きなパワーを発揮する必要があります。そのときに必要とされる筋力や体の使い方をおぼえておきましょう。

瞬発力とバランス能力を高める

11 ショートダッシュ &

コートで 5回

上半身 体幹 下半身 複合 バランス 柔軟性

コートの中で前後のダッシュ&ストップをくり返す

1 ベースラインからサービスラインとベースラインの中央までダッシュ

2 ストップしたところから素早くベースラインに向けて後方ダッシュ

POINT

上体の前傾を保っておしりから下がる

上体を起こしたままの後方ダッシュでは、止まったときに重心バランスが後方に崩れやすい

ショートバックダッシュ

股関節　体幹部　脚部　上肢

3

ベースラインで切り返し、次はサービスラインまで前方にダッシュを行い、後方ダッシュでベースラインまで戻る

素早い動きを可能にする瞬発力を身につける

テニスでは、相手が打ったボールに素早く反応し、ボールを打った直後に素早く次の準備をすることが重要です。そのためには、動作を切り替えるときの瞬発力が必要となります。

フルスピードで走ったところから、動作を切り替えるときの最大パワー発揮とバランスを崩さないための体の使い方を身につけておきましょう。

しっかりしたスイングを身につける

12 ジャンプ&着地で構える

股関節 脚部 体幹部

その場ジャンプで
空中で体を反転させて
準備姿勢で着地する

左右交互に
10回

上半身
体幹
下半身
複合
バランス
柔軟性

1
ラケットを持っているイメージで待球姿勢で構える

2
その場でジャンプして空中で体を反転させる

3
フォアハンドの構えで着地する

POINT
バランスを崩さないように着地

4
その場でジャンプして空中で体を反転させる

POINT
ジャンプと同時に上体をターンして構え直してから着地する

5
バックハンドの構えで着地する

13 リズムスクワット

股関節　脚部

「1、2、3」のリズムで
その場で2回軽くジャンプして
3回目にスクワットを行う

リズムよく 10回

つねに下半身主動のテニスの動きに慣れるための筋力を鍛える

テニスの動作のすべては下半身から始動するのが基本です。次の動作に対して、つねに下半身が準備できていなければなりません。そのために必要とされる下半身の筋力、姿勢を維持するための持久力をつけておくことが大切です。

棒立ちになってしまうと、重心移動を伴う動きができなくなり、プレーのスピードや精度が落ちてしまうので注意しましょう。

NG
棒立ちのままでは重心移動ができずに手打ちになってしまう

下半身にタメをつくることで正しい重心移動ができる

下半身の筋力をアップする

14 ウォークランジ

体幹部 股関節 脚部

ゆっくり歩きながら左右交互にランジを行う

左右交互に
10回

ランジ　2歩歩く　足を入れ替えてランジ

正しい姿勢でランジを行うことが大切

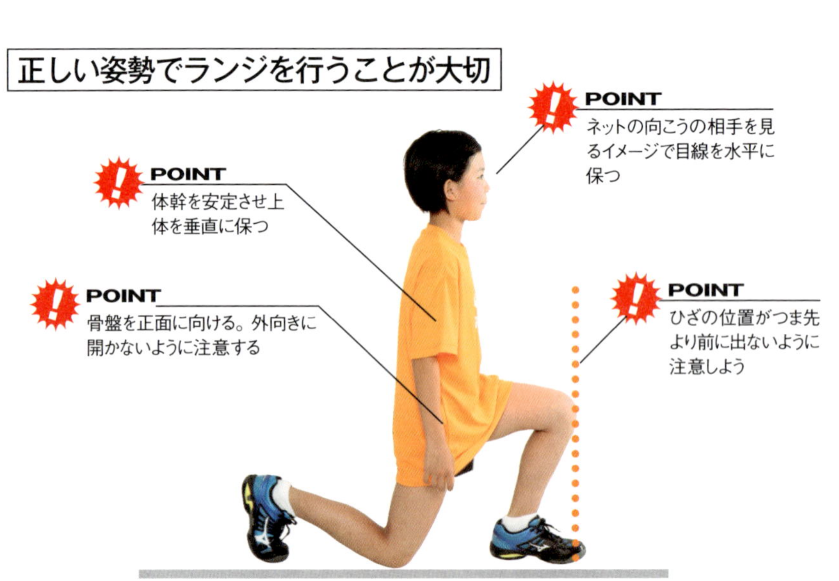

POINT
ネットの向こうの相手を見るイメージで目線を水平に保つ

POINT
体幹を安定させ上体を垂直に保つ

POINT
骨盤を正面に向ける。外向きに開かないように注意する

POINT
ひざの位置がつま先より前に出ないように注意しよう

15 前方ジャンプ

体幹部 股関節 脚部

腕を大きく振り上げ
前方にフルパワーでジャンプして
その場でしっかり止まる

10回

プレーのキレを出すための脚部のパワー発揮と安定した体幹の使い方を身につける

動作を素早く切り替えることが、プレーの「キレ」を出すことにつながります。キレのある動きをするためには、つねにバランスを崩さずに自分の体をコントロールできる姿勢がとれていなければなりません。下半身をやわらかく使って地面からの衝撃を吸収し、その反力を使ったパワー発揮をできるようにしておきましょう。

筋力が不足しているとしっかり止まれずに体が流れてしまう

打点に入るときにしっかり足でブレーキをかけ、バランスを崩さないことが大切

初級者のためのトレーニングメニュー例 ❶

柔軟性とバランスを身につける

初級者のためのトレーニングメニュー例 ❷

少ない力でラケットを振り抜くための柔軟性を高める

PART 3

トーナメントで勝てるようになる!

中級者のための
トレーニング

ぶれない姿勢を心がけ、基本技術を確実に身につける

試合に勝つために必要なのは特別な技術でなく、基本プレーを当たり前にできる能力。ボールを打たない練習でもテニスがグングン上手くなるのを実感しよう。

ここでは、テニスの動きに慣れ、選手指向になってきたレベルで必要とされる技術と、それを習得するためのトレーニングを紹介していきましょう。トレーニングの負荷強度としては中学生以上を対象としています。

テニスに慣れてくると、どうしてもコートでの練習が中心になってしまいがちです。しかし、実際はコート外のトレーニングも同様に行う必要があります。

ここでまず大切になるのが、基本技術を確実に身につけることです。正しく体を使えるようになることで、プレーの精度が高まるだけでなく、偏った負荷が局所にかからなくなるのでケガのリスクも低くなります。

また、試合で勝つためには、試合後半でもばてない体力をつけるのも大事ですが、テニスの理解度を高めて、無駄な動きを少なくしていくことも大切です。

トレーニング

本章では、試合に勝つために必要な筋力とバランス力、筋肉の持久力をアップさせるトレーニングを紹介していきます。負荷を高めたトレーニングを通じて、実戦に生きるプレーを身につけられる体を手に入れましょう。

基本技術の習得

徐々にテニスの動きに慣れてきたところで大切なのが、基本的な技術をしっかり身につけておくことです。負荷が強く体力のない小学生には難しい動作でも、中学生以上であれば確実に身につけておかなければなりません。とくに姿勢のぶれを正すように心がけましょう。

中級者が身につけたい技術

①ストローク

動いたところからでも、しっかり重心移動を使ってスイングできるようにするのが目標です。姿勢やバランス維持に必要な筋力をつけ、筋持久力を高めて試合後半でも下半身を使えるようにしておくことが大切です。同時に、すべてをフルスイングするのでなく、状況に応じたショットができるようにしておきましょう。

②ボレー

相手の打球の勢いも強くなるため、打ち負けないように重心移動でボールを前に運ぶ下半身始動のボレーを身につけましょう。

③サーブ

サーブもよりスピードのある重いボールを打てるようにしておくことが大切です。

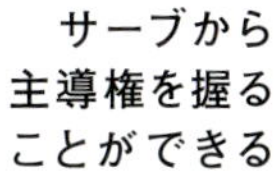

サーブから主導権を握ることができると、攻撃の幅が広がります。ここでも体の使い方が大きなポイントとなります。

④スマッシュ

ネットプレーでは後ろに下がるスマッシュも必要となるためフットワークが大切になります。バランスを崩さずロスのない動きが重要です。

⑤フットワーク

ボールに素早く入り、なおかつ正しい姿勢をつくりやすい「パワーステップ」を身につけましょう。体にかかる負荷も高まるため、トレーニングをしっかり行うことも忘れないようにしましょう。

ケガの予防

レベルが高くなると、その分練習量も多くなります。疲労がとれないまま練習を続けたり、筋力不足からのオーバーユースなどが原因で起こるケガも多くなることでしょう。そこで、練習に耐えうる体づくりが大切になります。

さらに高いレベルへ

基本技術を身につけ、テニスレベルが高くなってくると、対戦相手のレベルも上がり、同時に試合に勝つために必要とされる技術もさらに高度なものが要求されてきます。

トレーニングを通じて、身体レベルを高め、より高度な技術を身につけましょう。

中級者が身につけたい技術 ❶

エリアでボールを打ち分ける

試合で勝つためには、動きのなかでゲームを組み立てていくことも考えなければなりません。すべてのボールを強打していたのでは、ポイントにつながらないどころか、すぐに疲れて動けなくなってしまいます。

コートのどのエリアでボールを打つかによって、その目的が変わります。つなぐところは無理をせずにつないで、ポイントを狙えるところで確実に決められるようなテニスを目指すようにしましょう。

中級者によく見られる悪いスイング

NG 走りながらのスイング

しっかりと足を止めてバランスを保って打つことで、ボールに体重が乗った重いショットを打てる

NG 体勢を崩したところから決めにいく

バランスの崩れた姿勢からのショットは、ボールのコントロールと動作のコントロールを失うことにつながる

●組み立てるボール

組み立てるボールとは、無理なくラリーを続けるための基本的なショットです。コートの後方に来たゆるいボールを決めにいってもポイントにはつながりません。打ち込みたくなる気持ちを我慢して、基本のスイングでコントロールしたボールを返すことが大切です。

1 組み立てるボール

コートのエリアとボールの打ち分け

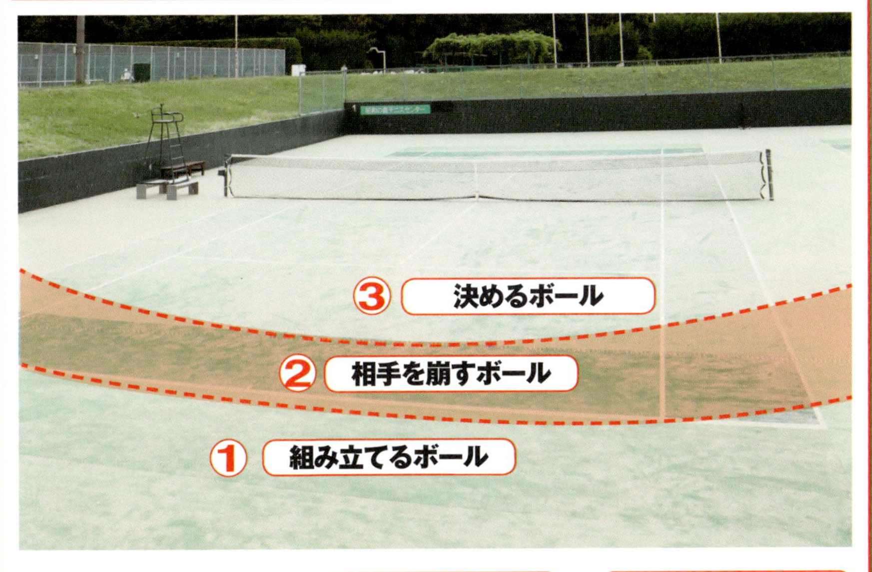

組み立てるボール		相手を崩すボール		決めるボール
ベースラインより後方の深いボールは無理をせずに相手コート後方に確実に打ち返すことが大切	→	ベースラインより内側のボールは、低い姿勢からの重心移動で相手のスタンスを崩すボールを狙う	→	短いボールが来たら、全体重の乗った重いボールを打ち込んでポイントを狙いにいく

2 相手を崩すボール

●相手を崩すボール

ベースラインより内側に入ったところに来たボールに対しては、早めにボールに入って低い姿勢からバランスを崩さずにしっかり重心移動を使って打ちにいきます。

無理をせずに60～70%の力で思ったコースに打ち分けられるようにしておきましょう。相手のミスショットを誘って、次のショットをポイントにつなげるイメージを持つことが大切です。

3 決めるボール

●決めるボール

組み立てるボールや崩すボールでラリーをしたとき、もしくはサーブで相手が崩れて、短いチャンスボールが来たら、素早いダッシュから全体重を乗せた100％のショットでポイントを狙いにいきましょう。このときも、打った後のバランスを崩さないことが大切です。闇雲に突進してしまうと、相手が打ち損ねたゆるいボールを返球されても反応できなくなってしまいます。

ダッシュしたところからでも、しっかり止まってスイングする

2 前への移動

中級者の試合になると、相手も厳しいコースを狙って打ってきます。しかし、ダッシュで移動したところからでも、バランスを崩さずにしっかり止まって、最後は打ち出し方向への重心移動を使ったスイングをすることが大切です。

ダッシュからのストップ、そしてバランスを崩さずに動作を切り返すためには、下半身の筋力や自重をコントロールするバランス能力が今までより必要となります。トレーニングを通じてこれらの能力を高めておくことが大切です。

中級者が身につけたい技術 ②

重心移動で打つボレーショット

1 フォアボレー

中級者によく見られる悪いボレー

NG 上から叩きにいく

高めのボールがきたときなどによく見られるのが、上から叩きにいって起こるミスショット。面をつくらずにラケットを振ってしまうとボールをコントロールできなくなる

中級者になると、ボレーショットもただ面をつくって当てるだけでなく、重心移動を使って下半身で前に運ぶようなショットを身につけることが大切です。

ネット近くのプレーで相手との距離も近くなるため、素早く相手が打つコースに入ると同時に、面をつくって、重心移動でボールを押し出すようにコースを狙って打ち返しましょう。

2 バックボレー

NG ボールをカットする

重心移動ができない人に多く見られるのがボールをカットしてしまうボレー。面ができていない上に余計なスピンがかかって打球をコントロールできない

中級者が身につけたい技術 3

スピードのあるサーブ

試合で勝つためには威力のあるサーブを打つことも大切です。テニスのプレーのなかで、唯一、自分が主導権を握ってできるプレーがサーブです。

エースがとれるほどでなくても、ある程度のスピードさえあれば、コースに決まったときに相手が打ち損ねる確率も高まります。

サーブの苦手な人が「トスが安定しない」と言うのをよく耳にしますが、バランスがよければ、多少、トスがずれても動きのなかで調整することができます。正しい体の使い方を身につけましょう。

体の使い方が酷似している

NG
体が上に伸び
切ってしまうと
パワーが発揮
できなくなる

NG
体を正面に向
けたままだと
手打ちになっ
てしまう

NG
打った後に上
体が前方に
流れてバランス
スが崩れる

ピッチング動作からサーブを身につけよう

中級者が身につけたい技術 ④

後方に下がって打つスマッシュ

試合に出るようになると、スマッシュを打つ機会も増えてくることでしょう。自分がネットに出ているときに、相手が自分の頭を超そうとしたボールに対して、自分が下がったところから打つことが多くなるはずです。

つまり、スマッシュでもっとも難しいのは、ボールの軌道に合わせて後方に下がったところから、前方のコートに打ち込む動作です。

片腕を上げてバランスをとりながら、素早く打点に入り、たとえ空中であっても体の軸をぶらさずに、打ち出し方向に重心移動しながら打つことが大切です。

フリーハンドでバランスをとらないと重心移動ができなくなる

NG

体が上に伸び切ってしまうとパワーが発揮できなくなる

NG

体を正面に向けたままだと手打ちになってしまう

中級者が身につけたい技術 5

歩幅の大きいパワーステップ

現代テニスで理想とされているのが、大きな歩幅の「パワーステップ」と呼ばれるフットワークです。

大きなステップを踏むことは、打点に素早く入れるようになるため、ショットを打てる範囲が広がると同時に、スイングの準備ができるようになるメリットがあります。

また、軸足にしっかり乗ることで大きなタメが生まれ、地面からの大きな反力を使った重心移動で、以前よりパワフルなショットが打てるようになります。

その一方で、大きく踏み出して、思ったところでピタッと止まるためには筋力が必要となります。同時にバランスを崩さないために体幹の強さも要求されます。

●バック方向へのパワーステップ

従来の小刻みなステップのメリットとデメリット

従来の細かいステップの移動は、打点に正確に入れる反面、パワーステップに比べて時間がかかり、自然なタメがつくりにくいので、強打しようとしたときに体が前後に流れやすくなる

ボールに打ち負けないパワーをつける

1 腕立て伏せ

胸 腕 体幹部

肩幅より少し広めに
両手を床につけ
ゆっくり腕立て伏せを行う

正しい姿勢で 20回

上半身 体幹 下半身 複合 バランス 柔軟性

1

肩幅より少し広めに床に両手をついて体幹を一直線に保つ

POINT

体を上げるときに、腕力だけで上げるのでなく、胸の筋肉を意識する

2

ひじが約90度になるところまでゆっくり体を下げ、ゆっくり元の姿勢に戻す

かんたんな人は

両脚をイスに乗せて
上体にかかる負荷を高める

2 V字腹筋

体幹部前面 股関節 太もも前面

あお向けに寝たところから
腹筋を使って
脚と上体を浮かせる

1
両手を頭上に伸ばし
てあお向けに寝る

2
指先をつま先に近づけるイメージで腹筋を使って両脚と上体を浮かせる

正しい姿勢で
20回

かんたんな人は

両脚を広げて足首を手でつかむ

1

2

POINT
なるべく背中を
丸めないように
注意する

腕だけに負荷がかからないように体幹からパワーを発揮する

体幹や胸の筋肉を鍛えるメリットは、筋力を高めることだけでなく､これらの筋肉を意識して使えるようになることです。テニスのストロークなどにおいても、体幹を使うことで打球が安定し、インパクトで腕にかかる負荷を軽減することができます。正しく体を使うことで、強いボールに打ち負けることがなくなると同時に、ケガのリスクも少なくなるのです。

自重のパワーをストロークに生かす

3 スクワット＆腰わりスクワット

❶②ともに 20回

上半身 体幹 下半身 複合 バランス 柔軟性

❶ スクワット 股関節 太もも背面

肩幅より広めのスタンスで
おしりを後方に突き出す

1 肩幅より少し広めのスタンスでまっすぐ立つ

2 おしりを後方に突き出すように、2秒かけてゆっくり下げ、2秒かけて上げる

POINT おしりを後方に突き出すように行う

❷ 腰わりスクワット 股関節 太もも内側

つま先を開いた
広いスタンスで
まっすぐ腰を落とす

POINT 背すじを垂直に保ったまま、まっすぐに腰を落とす

1 つま先をできるだけ外に開いて広いスタンスでまっすぐ立つ

2 つま先方向に2秒かけてひざを曲げ、1秒キープ。2秒かけて元に戻す

4 フロントランジステップ

股関節　脚部

まっすぐ立ったところから片脚を前に踏み出したランジ姿勢をつくり元に戻す

※左右の脚を入れ替え、両脚で行う

左右交互に 20回

POINT
目線を水平に保つ

踏み出したとき、戻るときに左右にフラついたりバランスが崩れないように注意する

つま先をまっすぐ踏み出し方向に向ける

左右にバランスが崩れたり負荷が強すぎる人はその場でランジを行う

できない人はコレ

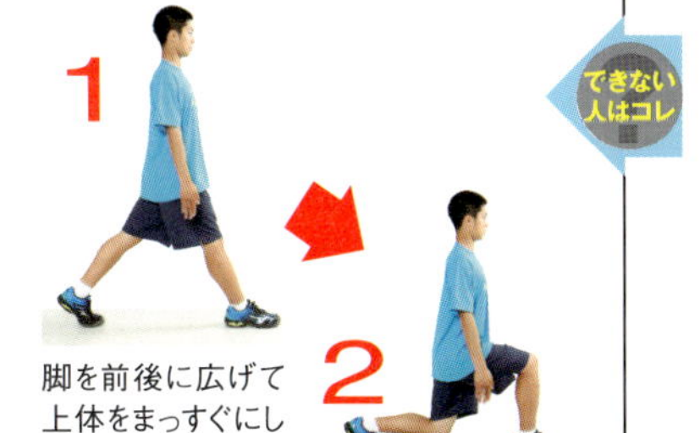

1 脚を前後に広げて上体をまっすぐにして立つ

2 上体をまっすぐ保ったまま垂直方向に下げる

筋力とバランス力をアップさせて自重を生かしたプレーを身につける

　バランスのいい選手は、自分の体重の生かし方が上手いだけでなく、自重をコントロールするための筋力も身につけています。

　テニスでは、基本のストローク動作はもちろん、ネットダッシュ、ランニングやジャンプ時の着地動作など、どの局面においても下半身に大きな負荷がかかります。とくに、これらの動作のポイントとなるのが、おしりを含めた股関節まわりの筋肉です。

バランスいい左右の動きを身につける

5 サイドランジステップ

股関節 脚部

左右交互に 20回

まっすぐ立ったところから片脚を真横に踏み出し姿勢を低くして元に戻す

※左右の脚を入れ替え、両脚で行う

POINT 目線を水平に保つ

POINT 上体が垂直な姿勢を保つ

できない人はコレ

バランスが崩れたり負荷が強すぎる人はその場でランジを行う

1 脚を左右に大きく開いてまっすぐ立つ

2 片脚に体重を乗せ、ゆっくり姿勢を低くする

上半身 体幹 下半身 複合 バランス 柔軟性

プレーレベルが上がるごとにそれに要求される身体能力も徐々に高まっていく

プレーのレベルが高くなると、対戦相手の打球の強さやスピード、打たれるコースなどもそれまでより厳しいものになってきます。

今までより高いレベルに対応するためには、無駄な動きをなくし、今までよりスピーディかつ力強い動作をする必要があります。これが「キレ」を増すということです。そのために必要となる筋肉を鍛えておきましょう。

6 ランジスクワット

股関節 脚部 体幹部

片脚をイスに乗せて行うランジ。立っている側の脚にかかる負荷を高めたトレーニングになる

※左右の脚を入れ替え、両脚で行う

①② 左右各 10回

① フロントランジ

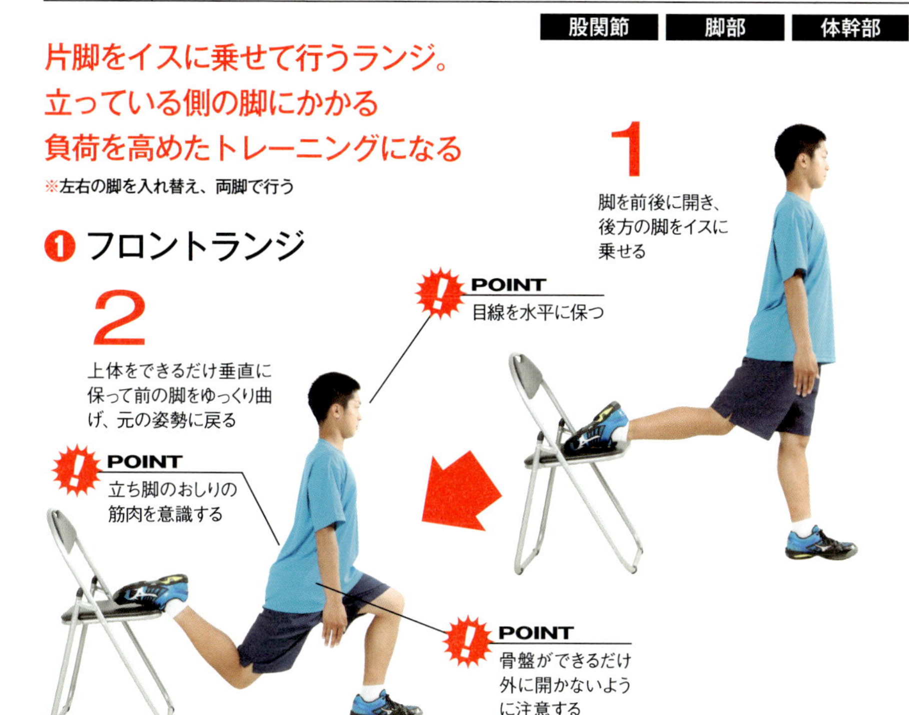

② サイドランジ

力強い上下の動きができるようになる

7 スクワットジャンプ

股関節 脚部 体幹部

フルパワーで 5回

上半身 体幹 下半身 複合 バランス 柔軟性

まっすぐ立ったところから腕の振りを大きく使ってスクワット姿勢からジャンプする

1 肩幅より広めのスタンスでまっすぐ立つ

2 腕を後方に振り下げ姿勢を低くする

3 腕を振り上げながらその場でフルパワーのジャンプを行う

POINT 腕の振り上げ動作で反動をつける

POINT しゃがんだときに前後にふらつかないように注意する

POINT ジャンプしたときにのけぞらずに適度な前傾を保つ

8 ランジジャンプ

股関節 脚部 体幹部

ランジ姿勢を作ったところから
その場でジャンプを行い
前後の脚を入れ替え
逆側のランジ姿勢で着地する

1
脚を前後に開いた姿勢からスタート

2
まっすぐ腰を落としてランジ姿勢をつくる

3
その場で垂直にジャンプして前後の脚を入れ替える

4
逆側のランジ姿勢で着地。これを10回くり返す

POINT
ジャンプしたときに体がのけぞらないように注意する

POINT
着地の衝撃を吸収しながらバランスを崩さずにランジ姿勢をつくる

左右交互に
10回

サーブやスマッシュなどに必要な上下の動きを強化する

テニスの上下の動きの代表的なものがサーブとスマッシュ。どちらのプレーにも共通しているのが、地面を蹴った力をボールに伝えるということです。バランス力と筋力を強化することで精度とパワーが高まります。

地面から得た力を上に伝える感覚を磨く

弾むように 10回

上半身 体幹 下半身 複合 バランス 柔軟性

9 ホッピング

脚部 体幹部

直立姿勢を保ちながら足首のスナップを使って地面で弾むようにジャンプする

1
肩幅より広めのスタンスでまっすぐ立つ

2
ひざを曲げずに床で弾むようにジャンプする

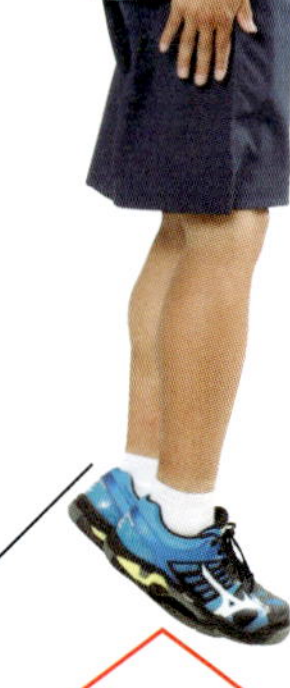

POINT
足首のスナップを使ってその場で弾むようにジャンプする

足首をやわらかく使って地面から得た反力を上に伝える

地面を踏み込んだときの力を、途中でロスすることなく、体幹や上体に伝えていくことが発揮されるパワーに大きな影響をもたらします。地面から得た力を体に生かすためには、まず地面に接している足の使い方が大切になります。体幹を安定させ、足首をやわらかく使って、どのように体を使えばよいかを体におぼえ込ませましょう。

10 ニーアップジャンプ

股関節　脚部

まっすぐに立った姿勢から ひざをお腹に引き寄せるように フルパワーでジャンプする

1
両脚をそろえてまっすぐ立つ

2
両ひざをお腹に引き寄せるイメージでできるだけ高くジャンプする

フルパワーで
10回

地面からの反力に加速をつけて最大パワーを発揮する

キレのある動作を実現するために必要なのが瞬発力です。動作を切り返す瞬間に最大パワーを発揮することがポイントとなります。そのためには、地面から得た反力をタイミングよく加速させるための体の使い方が必要となります。トレーニングを通じて、この体の使い方ができるようにしておきましょう。

切り返し動作のバランス力を磨く①

11 前方ジャンプ&バックジャンプ

股関節 脚部 体幹部

1.5m程度の間隔にコーンを置き前後のジャンプを連続的に行う

連続して 10回

上半身 体幹 下半身 複合 バランス 柔軟性

1 肩幅より少し広めのスタンスから腕を振り上げて大きく前にジャンプする

POINT バランスを崩さないように着地

2 バランスを崩さないように大きく後方にジャンプする

POINT おしりから後方に跳ぶイメージで上体の前傾を保つ

NG 背中から跳ぼうとすると体が伸び上がってバランスが崩れる

着地したときのバランスを磨くことが素早い切り返し動作につながる

サーブレシーブなど、待球姿勢からの反応の速さは、スプリットステップから着地した瞬間の動作の切り返しで決まります。両脚で着地したときに、少しでもバランスが崩れているとスムーズに次の動作に移ることができません。正しい着地はもちろん、着地からの運動方向の切り返しを練習しておきましょう。

12 前方ジャンプ&サイドジャンプ

股関節　脚部

**前に大きくジャンプしたところから
着地の反動を利用して
横に大きくジャンプする**

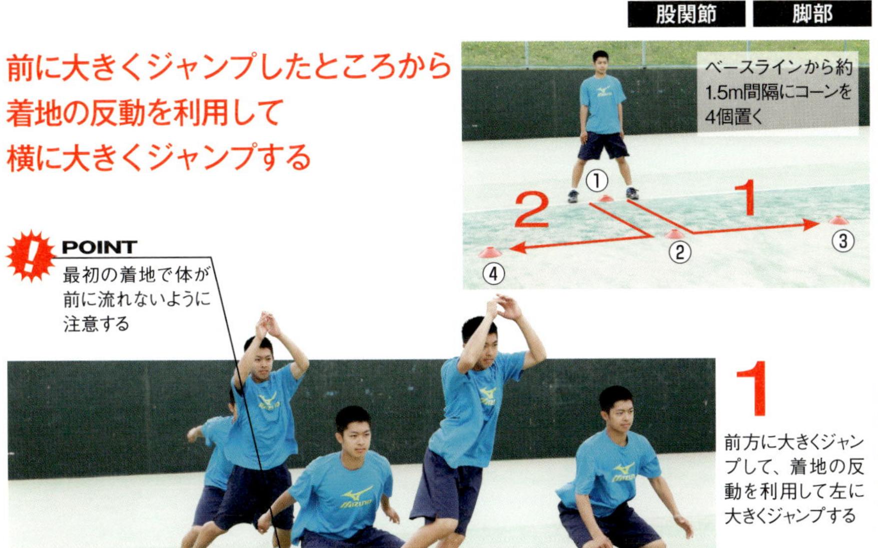

POINT
最初の着地で体が
前に流れないように
注意する

1
前方に大きくジャンプして、着地の反動を利用して左に大きくジャンプする

左右交互に
10回

2
一度、元の位置に戻ってから右でも同じことを行う

片脚でのパワー発揮を強化する

13 片脚ジャンプ

体幹部 股関節 脚部

片脚でバランスよく 前後左右に素早くジャンプする

※左右の脚を入れ替え、両脚で行う

①② 左右各 10回

上半身 体幹 下半身 複合 バランス 柔軟性

① 前後のジャンプ

1 コーンの後ろで片脚立ちになったところからコーンを軽く跳び越える

2 着地のときに体が前後にブレないように空中姿勢をキープする

3 着地の反動を使用して元の位置にジャンプで戻る

② 左右のジャンプ

コーンの横に片脚立ちになったところからコーンを軽く跳び越え、元の位置に戻る。連続して10往復したところで、脚を入れ替えて同じことを行う

POINT
着地で左右に体が流れないように注意する

14 サイドジャンプ

体幹部 股関節 脚部

両脚で立ったところから ひざを大きく振り上げミニハードルを 左右に連続して跳び越える

ミニハードルの代わりに2リットルのペットボトルを使ってもできる

POINT
着地で左右に体が流れると連続ジャンプができなくなるので余裕を持った高さで跳び、ハードルの近くに着地する

10回

高くジャンプすることで さらに負荷の高い動きにも 対応できるようになる

実際のテニスの試合では、フルスピードで走ったところからのショット、前方への素早いダッシュ、ダッシュしたところからのジャンプなどをしなければならない局面が多々あります。これらの負荷の高い動きに対応するためには、それなりのトレーニングが必要不可欠となります。

これらのプレーでバランスを崩してしまうと、失点につながるだけでなく、ケガをする可能性も高くなります。バランス力に磨きをかけ、負荷に耐えうる体をつくっておきましょう。

とくにスマッシュの場合、後方に下がったところで止まって上のボールを打つためバランスを崩しやすくなる

15 片脚サイドジャンプ

体幹部　股関節　脚部

片脚で行うサイドジャンプ。バランスを崩さないように注意しよう

※左右の脚を入れ替え、両脚で行う

左右各 10回

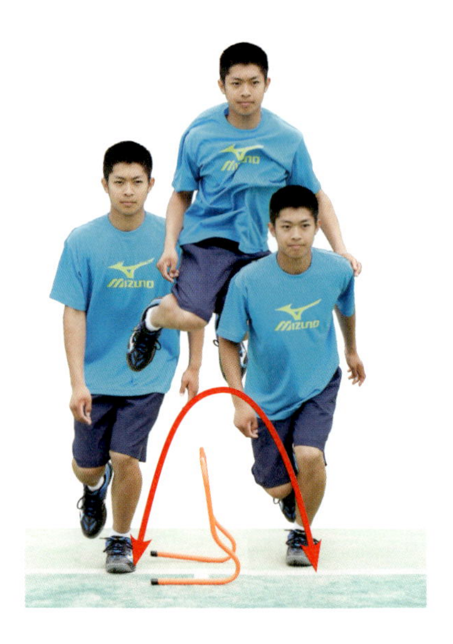

片脚で発揮するパワーを強化すると同時に筋力の左右の差をなくしておくことも大切

テニスの試合では、左右への動きからストップして前に踏み込む動作が多くなります。これは片脚で止まってからの動作の切り返しになります。この片脚のパワーを強化しておくことがストロークの安定につながります。

また、フォアとバックの得手不得手がある人に多く見られるのが、左右差です。フォアサイドに比べて、バックサイドではボールが見えにくくなりますが、体の使い方は左右同じです。左右均等に動けるようにしておきましょう。

バックハンドではボールを肩越しに見て上体を開かないことが大切

16 チューブ連続ハイアップ

両手にチューブを握り
スクワット姿勢から
両腕を上げながら立ち上がる

10回

POINT
人差し指と中指の間にチューブを挟んで、中指、薬指、小指の3本で握る

1
チューブの両端を持ち体の正面で手をクロスさせる。脚でチューブを踏んで長さを調節する

2
クロスさせた手の位置を変えずに、腕が水平になるところまでスクワットで姿勢を下げる

3
立ち上がりながら腕を広げながら斜め上方に向けて上げる

全身の動きを連動させて力を発揮する

17 バウンディングジャンプ

腕と脚の振り上げ動作で
一歩一歩、大きく跳ねながら走る

全身の連動させた動きをおぼえ、パワーステップを身につける

打点に素早く入るためには、できるだけ歩幅の大きなステップでできるだけ少ない歩数で、正確に移動するのがよいと考えられています。そこで大切になるのが、腕や脚の振り上げなど全身の動きの連動です。各部位の動きを連動させることで、より大きなパワーを発揮することができます。

20m程度を
5回

上半身
体幹
下半身
複合
バランス
柔軟性

股関節 体幹部 脚部 上肢

18 クイックステップ&ハイジャンプ

体幹部 股関節 脚部

その場で細かく数回ショートステップ。そこからタイミングよくハイパワーのジャンプを行う

ハイジャンプ 5回

肩幅より少し広めのスタンスで、左右の足で細かく素早いショートステップを10回踏む

タイミングよくひざを抱えるように脚を振り上げてフルパワーでジャンプする

ネットダッシュやリターンの反応速度を高めるトレーニング

ネットダッシュやリターンで大切になるのが反応速度です。反応を速くするために効果的なのが、スプリットステップやショートステップです。ステップの着地の反動を利用して動ける分だけ、ただ立った状態からより素早く反応することができます。

このとき発揮するパワーの大きさが反応速度につながります。動きのなかでパワーを発揮できるようにしておきましょう。

19 コーンタッチダッシュ

反応速度と動作の精度を磨く

体幹部　股関節　脚部

大きく2歩で届く距離にコーンを十字に置き、スプリットステップから2歩でコーンにタッチする

ベースラインでスプリットステップを踏み、素早く前のコーンにタッチして素早く元の位置に戻り、スプリットステップから右のコーンにタッチ。これを4方向で30秒間くり返す

連続して 3周

POINT

大きく2歩でタッチできる距離にコーンを置く

1 中央のコーンではかならずスプリットステップを行う

2 着地から素早く大きく1歩踏み出し、2歩目でコーンにタッチし、素早く中央に戻ってスプリットステップから次のコーンに踏み出す

20 スクワットウォーク

体幹部 股関節 脚部

頭の高さを変えずに
前後の脚を入れ替えて
ランジ姿勢のまま前に進む

左右交互に 10回

試合の終盤まで下半身を使えるようになるため筋肉の持久力を鍛える

最初はしっかり打てていても、試合の後半になるとショットが乱れてくるのは不思議ではありません。試合後半では疲労がたまり、それまで追いついていたコースに届かなかったり、ショットやサーブの精度が落ちやすくなります。その原因の多くは、下半身が使えなくなってしまうことにあります。

姿勢が高くなって重心移動ができなくなった結果、手先でコントロールしてしまうのです。試合の終盤まで、低い姿勢でボールに入れるようになるために、下半身の筋肉の持久力を高めておきましょう。

21 ハイパワーサイドニージャンプ

着地&パワー発揮を連続で行う

体幹部　股関節　脚部

ひざを大きく振り上げ
前方にフルパワーでジャンプして
その場でしっかり止まる

10回

1 ゴムチューブの一端をポールなどに固定し、ひざ程度の高さにセットする

2 空中でもバランスを崩さないように姿勢に注意する

3 バランスよく着地し、タイミングよく次のジャンプに移行する

低い姿勢でボールに入ると、下半身にタメができ、そこからの踏み出し動作で重心移動を使ったスイングができる

下半身が使えていないと腕だけのスイングになり、腕が疲れてくるとボールがコントロールできなくなる

22 ハイパワーコーンタッチサイドステップ

体幹部 股関節 脚部

シングルスのハーフコート間を左右に素早く移動して両サイドのコーンにラケットでタッチする

センターマークとシングルスサイドラインにコーンを置いでベースライン上に立つ

左右交互に 30秒

スプリットステップからバックサイドに走り、ラケットのフレームでコーンにタッチする

素早くセンターマークに移動してラケットでコーンにタッチする。これを全力で連続して30秒間続ける

中級者のためのトレーニングメニュー例 ❶

下半身のぶれがなく正しい打点でパワフルなショットが身につく

① 腕立て伏せ

20回
×
3～5セット

← P.78参照

② V字腹筋

20回
×
3～5セット

← P.79参照

③ スクワット&腰わりスクワット

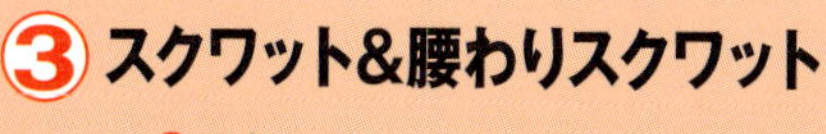

❶ スクワット

❷ 腰わりスクワット

❶❷各20回
×
3～5セット

← P.80参照

④ フロントランジステップ

左右交互に
20回
×
3～5セット

← P.81参照

⑯ チューブ連続ハイアップ

10回
×
5～8セット

← P.93参照

⑳ スクワットウォーク

左右交互に30歩
×
5～8セット

← P.98参照

中級者のためのトレーニングメニュー例 ❷

素早いスタート動作からストップ動作までをぶれなくできるようになる

⑧ ランジジャンプ

左右交互に10回
×
3~5セット

← P.85参照

⑪ 前方ジャンプ&バックジャンプ

前後に10回
×
3~5セット

← P.88参照

⑫ 前方ジャンプ&サイドジャンプ

左右交互に10回
×3~5セット

← P.89参照

⑬ 片脚ジャンプ

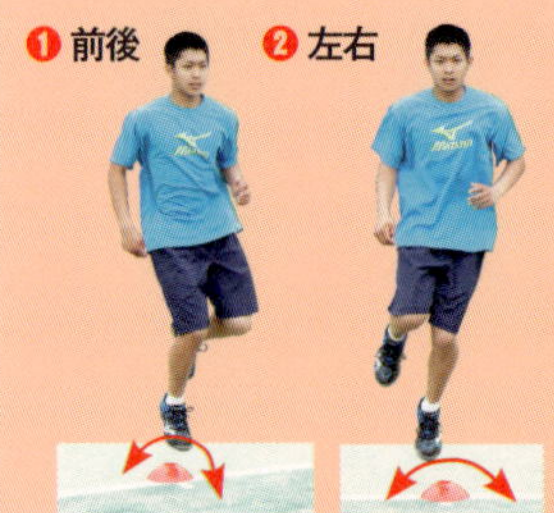

❶❷左右各
20回
×
5~8セット

← P.90参照

⑭ サイドジャンプ

左右交互に10回
×5~8セット

← P.91参照

⑮ 片脚サイドジャンプ

左右各10回 ×
3~5セット

← P.92参照

⑱ クイックステップ&ハイジャンプ

5回
×
3~5セット

← P.96参照

PART 4

トップジュニアを目指せ！

上級者のためのトレーニング

ケガをせずに基本プレーを確実に続けるための体づくり

筋力アップすることで習得できる新たな技術、試合の最後まで走り切れる体力、
そしてどんなボールを打たれてもあきらめないメンタルを武器にトーナメントで勝利しよう。

トップジュニアを目指すには、個々のプレーのパワーアップはもちろん、スピンや速い球を織り交ぜて前後左右に打ち分ける能力を身につける必要があります。

さまざまな技術を駆使して、メリハリのあるプレーをするためには、足腰や腕の強さ、動きのキレなどの身体能力が必要とされます。さらに、試合に勝つためには、試合終盤まで走り負けないための持久力をつけておくことも大切です。

トレーニングをすることで、個々のプレーを強化すると同時に、新たな技術を習得するために必要な筋力や体の使い方を身につけることができます。

レベルが高くなると、その分激しいプレーが要求されるようになります。大きな負荷のかかった局面でケガをしないためにも、トレーニングを通じて正しい体の使い方をおぼえ、負荷に負けない筋力や体力を身につけておくことが大切です。

トレーニング

本章では、負荷の高い局面での切り返し動作やバランス力、筋肉の持久力をアップさせるトレーニングを紹介していきます。また、試合に勝つためのさらに高度な技術を身につけるための筋力もつけておきましょう。

応用技術の習得

サーブやストロークのパワーアップをすると同時に試合を有利に進めるための技術を身につける必要があります。スピンボール、さらにはエッグボール、スピンサーブなどの技術は、体にかかる負荷も大きくなるため、動作に必要とされる筋肉を強化しておきましょう。

上級者が身につけたい技術

①ストローク

ストロークのパワーアップに必要な体幹や上肢の筋力アップを行うと同時に、スピンボールやエッグボールを打つために必要な筋肉を強化します。

上級者になると、相手の打球も強くなるため、日ごろから打ち負けないための体力をつけておく必要があります。

②ボレー

どのコースに打たれても素早くボールに反応し、バランスを崩しやすい体勢でも、重心移動を使ってコースに打てるようにしておくことが大切です。

④スマッシュ

後方のバック側に打たれたスマッシュにも対応できるバランス力、そこから振り抜くための筋力を身につけておきましょう。

③サーブ

ファーストサーブをパワーアップすると同時に、スピンサーブを習得することで攻撃の幅を広げることができます。これらに必要とされる体の使い方や筋力を強化しておくことが大切です。

⑤フットワーク

基本的なフットワークは、これまでに習得できていると思われます。ここでは、後方への移動から前に重心移動を行う切り返し動作、今までよりさらに速い反応速度などに対応できるようにしていきましょう。

ケガの予防

上級者になると、バランスを崩しやすい無理な姿勢から打たなければならない局面も増えてきます。また、相手の打球も強くなる、新たな技術の習得など、体にかかる負荷がますます強くなるため、ケガ予防の必要性もさらに高くなります。

プレーの安定

トレーニングを通じて、つねに正しい姿勢を素早くとれるようになることで、今までよりプレーの精度も安定します。さらに持久力をアップさせることで試合終盤までパフォーマンスを発揮できるようになります。その結果、今まで勝てなかった相手にも勝てるようになるのです。

上級者が身につけたい技術 ①

スピンボール・重いボールを打つ

スピンボールを習得することは、試合に勝つために非常に大切です。フラット系の打球のみではミスショットになってしまうため、縦回転で急速に落ちるスピンボールを使うことで、強打しながらもコートに入るようになり、ショットの安定性が高まりテニスの幅が広がります。

1 フォアハンド

スピンボールの打ち方は、上に振りつつも前方向にも大きく振るイメージです。下半身を安定させてボールを前方に押し出すように打つことでボールに重みを与えることが大切です。ボールの打点より少し低めにラケットヘッドをセットして、打点に向かってスイングしましょう。

よく見かける勘違いは、手首を使って下からこすり上げたり、ラケットの面をかぶせて下から振り上げるパターンです。縦回転はかかったとしても、腕にかかる負担が大きいため、ケガのリスクが高まり、ボールコントロールもできなくなってしまうので注意しましょう。

2 バックハンド

スピンボールを習得したら エッグボールに挑戦してみよう

エッグボールはスピンボールのひとつです。通常のスピンボールよりも強烈な縦回転をかけるため、縦に切った卵を横から見たようなボールの軌道になるため「エッグボール」と呼ばれています。

エッグボールはかなりの回転をかける必要があるため、腕を前方に押し出して振り抜くことが大切です。強烈なインパクトで打ちつつも、強いスピンもかけなければなりません。

落差が大きく、急激に落ちてベースライン付近に収まるボールを打つことで、相手をベースラインより後方に押し出せます。

エッグボールを打つためには、かなりのスイングスピードが必要となります。トレーニングを通じて、筋力を強化すと同時に、下半身を上手く使って体幹を回転させ、タイミングよく腕を振れるようにしておくことが大切です。

エッグボール習得前に直しておきたいNG

スイングスピードが速くなると、ケガのリスクも高まるため、フォームの乱れを事前に修正しておきましょう。

NG 面をかぶせてこすり上げる

面をかぶせて打つフォームはただでさえ大きな動きとなるため、さらに強いボールを打とうとするとバランスが大きく崩れてしまう

NG 下から上に振り上げる

ボールに強いインパクトを与えにくいため、さらに大振りとなってスイング前後のバランスを崩しやすくなる

NG 小さなスイング

もともと体を大きく使えていないフォームで強く打とうとすると腕にかかる負荷が高まり、手首やひじを故障しやすくなる

ボディバランスを崩さずに高い打点のボールを打ち抜こう

上級者になると高いボールを打たなければならない局面も多くなります。打点が高くなると、重心が前後にぶれたり、体が伸び上がりやすくなります。バランスを崩すと、次の打球に準備できなくなってしまうので、高いボールもしっかり打ち抜けるようにしておくことが大切です。

1 フォアハンド

フォアハンドによく見られるNG

NG 体が伸び上がる

大きくスイングしようとするあまり、ラケットのヘッドが下がって体が伸び上がってしまうとタメがなくなる

NG 上体が後方に流れる

強打しようとして上体が後方に流れるとバランスを崩しやすく、打点もずれやすくなる

NG 体がのけ反る

下から振り上げる意識が強いと振り抜いた後にのけ反ってバランスが乱れる

2 バックハンド

バックハンドによく見られるNG

NG 伸び上がって打つ

ボールに当てるだけのインパクトになって相手に強打されやすい。また、バランスも崩しやすくなる

NG 振り抜けない

ラケットが振り抜けないとボールをコントロールできず、バランスも崩しやすい

上級者が身につけたい技術 ②

ローボレー

1 フォアハンド

バックハンドによく見られるNG

手で打ちにいく意識が強かったり、下半身の力がないとおじぎしてミスショットになりやすい

ラケットヘッドが下がると打球をコントロールできなくなる

姿勢が乱れたり、頭の位置がズレて当たり損ねが多くなりやすいのがローボレーです。打点が後ろになってボールが上がらないケースをよく見かけます。

トレーニングを通じて、自重をしっかりコントロールできるようにしておくことが大切です。安定したローボレーを身につけることが、ネットプレーのレベルアップにつながります。

フォアハンドによく見られるNG

自重をコントロールできないと、しっかり止まれずに体が前に流れてしまう

腰の位置が高いと手打ちになってボールコントロールできない

2 バックハンド

バランスの悪い姿勢でのボレー

プレーレベルが高くなると、相手のミスショットでもない限りボレーを打ちやすい打球は来ないでしょう。無理な姿勢からでもできるだけ面をつくってコースに打ったり、打った後のバランスを崩さずに相手に返されたときに対応できるようにしておくことが大切です。

フォアハンドによく見られるNG

上体から流れてしまうと返球されたときに対応できなくなる

下半身が使えていないと、安定性を欠くだけでなくバランスを崩しやすい

バックハンドによく見られるNG

バックサイドで反応が遅れてしまうと、上体が流れやすくなる

頭の位置がブレてしまうと、打球をコントロールできずに打ち損ねることが多くなる

上級者が身につけたい技術 ③

後方バック寄りのスマッシュ

ネットに出たときに相手のロブを打ち込むのがスマッシュです。そのとき、もっとも難易度が高いのがバックハンド側に上げられたロブになります。

まず大切なのが、素早い反応から、フットワークを駆使してできるだけ速く落下点に入ることです。

もし、間に合わなくても、斜め後方に流れてジャンプするのでなく、しっかり止まった状態から体の軸をブラさずにジャンプを行い、スイングと同時に空中での重心移動を心がけましょう。軸さえブレていなければ、多少の打点のズレは修正することができます。

トレーニングで反応速度を高め、バランス能力に磨きをかけて、正しい体の使い方ができるようにしておきましょう。

NG

体が伸び切ってしまうとタメができずにジャンプできなくなり、バランスも崩しやすい

体が正面を向いていると重心移動ができない

ニスセンター
和の森テニ

センター

上級者が身につけたい技術 ❹

フラットサーブ/スピンサーブ

上級者になると、試合のなかでのサーブの重要性が高くなります。フラットサーブの威力を高めると同時に、セカンドサーブでスピンサーブを使えるようにしておくことで戦術の幅を広げることができます。

スピンサーブは、縦回転で急激に落ちるボールのためフォールトの可能性が低く、大きくバウンドするので相手にとってもレシーブのしにくいサーブです。トレーニングを通じて、フォーム習得に必要な筋力をつけておきましょう。

1 フラットサーブ

2 スピンサーブ

上級者が身につけたい技術 5

下がって打つストローク

2 バックハンドストローク

上級者になると、プレーのなかでもさまざまなフットワークが要求されるようになります。なかでも、深いボールを打たれたときの処理は、試合の流れに大きく影響するため、非常に大切になります。ベースライン後方から、甘いコースにゆるいボールを返してしまうと、失点につながってしまいます。

後方に下げられても、しっかり止まってから、打ち出し方向への重心移動を行って大きく振り抜くようにしましょう。

1 フォアハンドストローク

止まれずに体が後方に流れると振り抜けない

重心移動ができないと体がのけぞって手打ちになる

1 片脚上げ腕立て伏せ

胸　腕　体幹部

片脚を上げ、体幹をまっすぐ保って腕立て伏せを行う

※左右の脚を入れ替え、両脚で行う

POINT
体幹を一直線に保って体を床と平行に保ったまま行う

左右各 20回

1

2

エッグボールを打つための体幹と上肢のトレーニング

エッグボールを打つためにはスイングスピードが必要になります。そのために必要となるのが強い体幹です。それと同時に、スイングが速くなった分、肩、腕、ひじ、手首などの上肢にかかる負荷も高くなります。

レベルアップに伴って、その技術に必要な筋力をつけておくことで、習得速度も早まり、ケガ予防にもつながります。

2 バランス腕立て伏せ

胸　腕　体幹部　脚

片脚を浮かせて腕立て伏せ。体を沈めたところで脚を広げる

※左右の脚を入れ替え、両脚で行う

左右各 20回

1
両手を床について片脚を浮かせて高く上げる

POINT
ツマ先を床につけずに少しだけ浮かせておく

2
片脚を浮かせたまま体幹を一直線に保って腕を曲げる

3
脚を外側にゆっくり広げ、元の位置に戻したところで1の姿勢に戻る

3 V字腹筋

体幹部 股関節 脚部

❶ クロス腹筋

あお向けで大の字に寝たところから
右手と左足、左手と右足を浮かせて
体の上でタッチさせる

※左右の脚を入れ替え、両脚で行う

POINT
わき腹の筋肉を意識して上体を浮かせる

1
2
3

❶❷ともに 10回

❷ 開脚V字腹筋

大の字に寝たところから
手脚を浮かせて足首を握る

1
2
脚を左右に開いたまま浮かせ、両手で足首をつかむ

できない人はコレ

手脚を伸ばしたまま
体がV字になるように
上体と脚を浮かせる

1
両手両脚をまっすぐ伸ばしてあお向けに寝る

2
指先を足首に近づけるように手脚を浮かせる

4 フロアプッシュ腕立て伏せ

負荷に耐えうる上体をつくる

胸　腕　体幹部

腕立て伏せで
体を沈めたところから
床を押して上体を浮かせる

正しい姿勢で
10回

上半身
体幹
下半身
複合
バランス
柔軟性

ストロークやサーブなどのパワーをアップさせるトレーニング

テニスのストロークやサーブでは、体幹をターンさせてタメをつくったところから、重心移動とともに体幹のひねりを戻してパワーを上肢に伝達します。このとき使われるのが、お腹の両側を斜めに走る「腹斜筋」です。

また、インパクトでは体幹を安定させた状態で上半身や腕のパワーを発揮する必要があります。これらの筋肉を鍛えて、今までより力強いサーブやストロークを実現させましょう。

しっかり振り抜けるようになるために

5 片脚スクワット

左右各 10回

上半身 体幹 下半身 複合 バランス 柔軟性

片脚を❶前方、❷横、❸後方に浮かせて、片脚でスクワットを行う

※左右の脚を入れ替え、両脚で行う

❶ 前方に浮かせる

POINT 目線を水平に保つ

POINT かかとを浮かせずにバランスを保ちながら体を沈める

激しい動きのなかでもバランスを崩さないために

上級者になるほど、相手もコースを狙ったボールを返球してきます。それに対応するためには、今まで以上のスピードで素早く動き、しっかり止まったところから打ち出し方向への重心移動を行わなければなりません。そのためには、この切り返し動作に必要とされる筋肉群を鍛えておく必要があります。

負荷の高いバランストレーニングで、激しい動きに対応できるようにしておきましょう。

股関節
脚部
❷ 横に浮かせる
1
片脚を横に浮かせてまっすぐ立つ
POINT
腕でバランスをとりながら体を沈める
2
横にバランスを崩さないように体を沈み込ませる
POINT
足の内側が浮かないように注意する
❸ 後方に浮かせる
1
POINT
上体を前傾させてバランスをとる
POINT
かかとが浮かないように注意する
2

6 片脚ニーアップジャンプ

股関節 脚部

片脚立ちになったところから
その場で真上にフルパワーで
ジャンプする

左右各
5回

7 両脚サイドジャンプ片脚着地

ダッシュからの切り返しを可能にする

股関節　脚部　体幹部

横向きの両脚ジャンプで3回ハードルを跳び越え、最後に片脚のスピードスケートポーズで着地する

※逆方向で最後に逆足での着地も行う

ハードルの代わりに2リットルのペットボトルを使用してもできる

左右交互に 10回

上半身　体幹　下半身　複合　バランス　柔軟性

片脚で行う切り返し動作でバランスを崩さなくなる

左右に大きく動かされたり、後方に下げられたところからのストロークやスマッシュでは、軸脚での切り返し動作がショットの成功のカギとなります。

横方向のバランス感覚、縦方向のパワー発揮に必要とされる筋肉群を強化しておきましょう。

素早いネットダッシュを身につける

8 ワイドスタンスジャンプ＆ダッシュ

脚部 股関節 体幹部

ベースラインからの
フルパワージャンプの着地から
サービスラインまでダッシュする

フルパワーで
20回

ネットダッシュの反応速度を磨くためのトレーニング

短いボールに素早く反応したり、相手のすきをついてネットをとるために、重心を下げたところからのダッシュを練習しておきましょう。

スプリットステップの着地で重心が低くなったところで、一気にフルパワーを発揮して前方にダッシュするためのトレーニングです。

9 ミニハードル連続ニーアップジャンプ

股関節　脚部

細かい動きのなかでの瞬発力を高める

バランスを崩さずに
連続した動作で
両脚ジャンプをくり返す

❶ 前後ジャンプ

POINT
バックジャンプはおしり
から跳ぶイメージで行う

❶❷ともに
10回

ハードルの代わりに2リットルのペットボトルを使用してもできる

バランスを崩すと次のジャンプができなくなる

❷ 左右ジャンプ

10 ミニハードルクイックステップ

股関節 脚部 体幹部

ミニハードルを4つ置き、ひざを高く上げて素早く走り抜ける

※ ❶右足スタートと左足スタートをそれぞれ行う
※ ❷横向きは左右で行う

❶❷左右各
❶10本
❷3往復

❶ 前ステップ

50～70cm間隔にハードルを4つ並べる。ハードルの代わりに2リットルペットボトルを使用してもよい

❷ 左右ステップ

股関節の動きをよくすることで反応速度やバランス力がアップする

切り返し動作に必要な下半身の筋力を強化すると同時に、股関節がスムーズに動くようにしておくことが大切です。細かい動作のなかで股関節の動きをよくすることで、反応速度が速くなります。同時に、切り返し動作でも股関節をやわらかく使って地面からの衝撃を吸収することで、バランスを崩しにくくなります。

11 ミニハードルサイドジャンプ

股関節　脚部

ミニハードル4つを使って
小さな横向き連続ジャンプの後に
進行方向を切り替えた
大きなジャンプをくり返す

※ 逆向きでも行う

左右交互に 10回

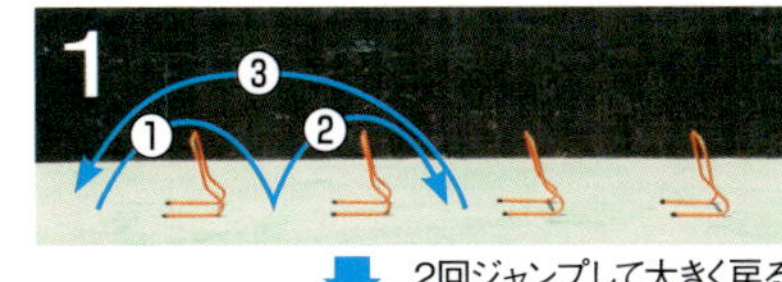

2回ジャンプして大きく戻る

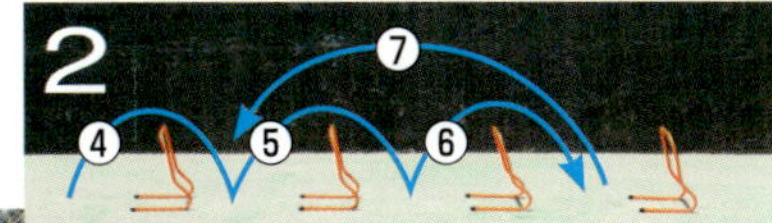

3回ジャンプして大きく戻る

3
⑧ ⑨ ⑩ ⑪

3回ジャンプして大きく戻る

4
⑫ ⑬

2回ジャンプして終了

進むジャンプ

戻るジャンプ

POINT
空中で左右のバランスを立て直して着地に備える

負荷を高めて片脚のパワー発揮を強化

12 ミニハードル片脚ジャンプ

体幹部 股関節 脚部

ミニハードルを使って バランスを崩さずに 片脚で連続ジャンプする

※足を入れ替えて左右で行う

3往復

● 左脚のジャンプ

● 右脚のジャンプ

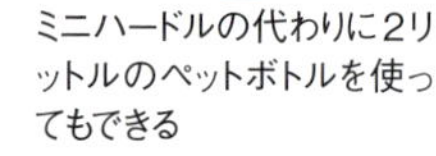

ミニハードルの代わりに2リットルのペットボトルを使ってもできる

13 前方&サイドジャンプ

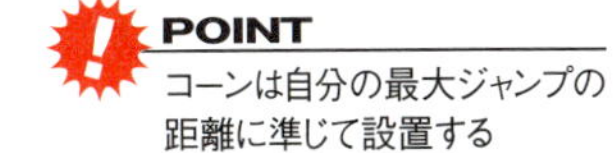

前方にフルパワーでジャンプ。
続けて真横にフルパワーで
ジャンプを行い片脚で着地する

※足を入れ替えて左右で行う

POINT
コーンは自分の最大ジャンプの
距離に準じて設置する

左右交互に
10回

● 左へのジャンプ

● 右へのジャンプ

どんな局面でも体が横に流れない ようにバランス力を強化しておこう

プレーが激しくなるほど、切り返し動作でのバランス維持に大きなパワーが必要となります。大きなジャンプで負荷を高めて、バランス維持に必要な筋肉を鍛えると同時に、着地の衝撃を吸収するための、足首、ひざ、股関節のやわらかい使い方を身につけましょう。

NG
踏ん張りが効かないと体が流れる

14 バック斜めジャンプ

体幹部 股関節 脚部

三角形に置いたコーンの頂点から斜め後方にジャンプしてストローク姿勢で着地する

※左右の脚を入れ替え、両脚で行う

左右各 10回

● 右へのジャンプ

POINT
ジャンプと同時に空中で上体をターンさせた姿勢をつくる

POINT
フォアハンドの打点に1歩で入るイメージで行う(左利きの場合はバックハンド)

● 左へのジャンプ

POINT
バックハンドの打点に1歩で入るイメージで行う(左利きの場合はフォアハンド)

15 プライオメトリクスジャンプ

動きのなかで最大パワーを引き出す

体幹部　股関節　脚部

10回

両脚をそろえて小さなジャンプを2回行いリズムよく大きなジャンプを行う

ミニハードルとハードルの代わりに、2リットルのペットボトルと段ボールを使ってもできる

POINT
リズムよく2回のジャンプを行い、その反動をタイミングよく利用して大きく跳ぶ

POINT
左右に足を開いてバランスよく着地する

前後に大きく動いたところから力強く打ち込めるようになる

後方への移動、ネットダッシュなどの前への移動など、前後の動きから素早く打球に対応できるようになるためのトレーニングです。

ネットプレーの場合は、相手が打つタイミングで左右に動く必要があるので待球姿勢、後方に移動した場合は素早い半身の姿勢をとる必要があります。重心のバランスがとれた正しい姿勢でピタッと止まれるようにしておきましょう。

ネット

着地のタイミングですぐに打球に反応する

後方

できるだけ少ない歩数で半身の姿勢をとる

上半身　体幹　下半身　複合　バランス　柔軟性

16 ボックスハイステップ

体幹部　股関節　脚部

片脚をイスの上に置いて立ったところから、一気にパワーを発揮してイスに上がって手脚を広げる

※両脚で行う

左右各 10回

POINT
ふらつかずに3秒間バランスをキープする

サーブをパワーアップさせるためのトレーニング

　テニスのサーブでは、地面を踏み込んだパワーを上方に伝えて、腕を縦方向に回転させる動作につなげていきます。このとき大切なのが、体幹の軸がぶれないことと、下半身で発揮したパワーを利用してタイミングよく腕を上げることです。

　振り上げる腕にまっすぐにパワーを伝えるイメージで、タイミングよく行いましょう。

17 4ポイントタッチ

体幹部　股関節　脚部

前方にコーンを3つ置き、
ダッシュでコーンにタッチし
バックペダルで元の位置に戻る

※利き手でコーンにタッチする

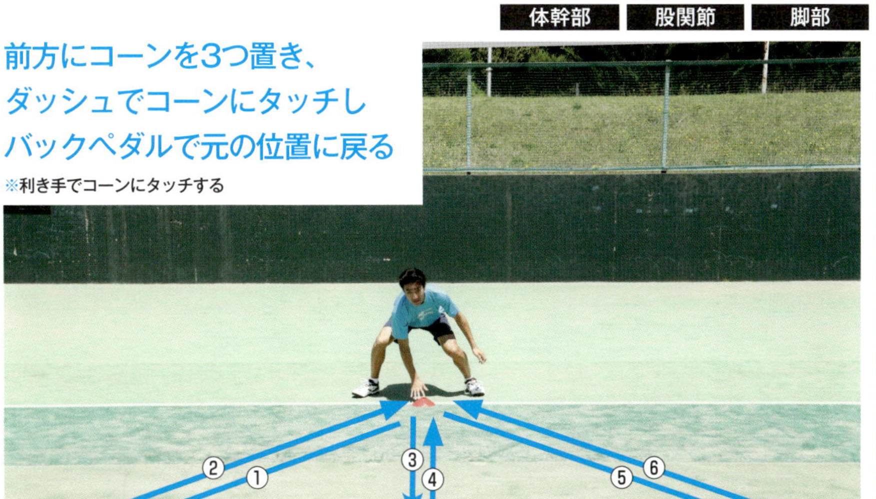

素早く
10回

右斜め前方にダッシュ&バックペダル

左斜め前方にダッシュ&バックペダル

前方にダッシュ
&バックペダル

18 連続ニーアップジャンプ~スクエアダッシュ

体幹部 股関節 脚部

3回ニーアップジャンプをして動作を切り返しながら前方→横→後方にダッシュを行う

※右周り、左周りの両方を行う

左右交互に 10回

その場でニーアップジャンプ×3回

右周りと左周りを交互に行う

19 連続前方ジャンプ～バックダッシュ

体幹部 股関節 脚部

10m程度の距離で 連続ニーアップジャンプを行い そこからバックでダッシュする

止まらずに連続ニーアップジャンプ

POINT
遠くに跳ぶのでなく、ひざを高く上げてできるだけ高く跳ねる

高く跳んで
5回

バックペダルでダッシュする

連続した動きのなかで行う 負荷を高めた切り返し動作のトレーニング

ラリーが続いているなかでポイントを取るためには、いかに正しく体を使ってバランスを崩さないかが重要です。疲労が蓄積したり、焦りが出てくると、ボールを打つことだけに気をとられて、基本動作を忘れてしまいがちです。このような局面でも、バランスよく下半身から動けば、ラケットをしっかり振り抜けるようになります。高い負荷のかかった局面でも正しく体を使えるようにしておくことが大切です。

20 クロス腹筋ハイパワー

体幹部 股関節 脚部

左右交互に素早く
クロス腹筋(P.124参照)
を行う

素早く
30秒

1

2

21 腕立てハイパワー

胸　腕　体幹部

素早く
30秒

姿勢がなるべく乱れないように
腕立て伏せ(P.78参照)
を素早く行う

ロングラリーになったときも、試合後半になっても パワーショットを打ち続けるための持久力をつける

ロングラリーで体力が消耗した局面や、試合の終盤になっても力強いショットを打てるようにするための持久力アップトレーニングです。

疲労してくると徐々に下半身が使えずになるため、体幹や上肢に頼った動きになりがちです。そんなときに体幹部や上肢にかかる負担が増え、ケガを引き起こす原因となることもあります。日ごろからの持久性トレーニングには、そんな疲労から起こるケガの予防効果もあります。

振り回されても耐えうる持久力を磨く

22 もも上げハイパワーステップ

体幹部 股関節 脚部

素早く 30秒

その場で全力で
素早い「もも上げ」を行う

ラリーで振り回されたときにも対応できる下半身のパワーと持久力アップのトレーニング

下半身の筋肉の持久力がないと、ラリーや試合終盤に走り回らされたときに、足がパンパンになってついていかなくなります。打点に入れなくなると、手打ちになってコースに打ち込むことができなくなります。重心移動ができないので打球の威力も弱く、打った後のバランスの乱れから次の打球に対する準備も遅れてしまいます。最後まで走り切れる持久力をつけておくことが大切です。

上級者のためのトレーニングメニュー例 ❶

重くて回転のあるボールを打てるようになる

上級者のためのトレーニングメニュー例 ❷

サーブをパワーアップさせるトレーニング

上級者のためのトレーニングメニュー例 ❸

ネットダッシュなどの前後の動きを素早くする

⑧ ワイドスタンスジャンプ&ダッシュ

フルパワーで
20回

← P.130参照

⑨ ミニハードル連続ニーアップジャンプ

❶ 前後　❷ 左右

❶❷各10回
×
3~5セット

← P.131参照

⑩ ミニハードルクイックステップ

❶ 前　❷ 横

❶右足スタート
左足スタート
各10本
❷3往復

← P.132参照

⑪ ミニハードルサイドジャンプ

①~⑩までのステップ
を左右交互に10本

← P.133参照

上級者のためのトレーニングメニュー例 ❹

長時間の試合や長いラリーでばてない体力をつける

⑧ ワイドスタンスジャンプ&ダッシュ

フルパワーで20回

← P.130参照

⑨ ミニハードル連続ニーアップジャンプ

❶ 前後

❷ 左右

❶❷各5回
×
3~5セット

← P.131参照

⑩ ミニハードルクイックステップ

❶ 前

❷ 横

❶右足スタート
左足スタート各10本
❷3往復

← P.132参照

上級者のためのトレーニングメニュー例 ❺

素早い反応、ストップ動作や切り返し動作でバランスを崩さないようになる

⑤片脚スクワット

❶❷各10回
×
3~5セット

← P.126参照

⑥片脚ニーアップジャンプ

左右各5回
×
3~5セット

← P.128参照

⑦両脚サイドジャンプ片脚着地

左右交互に
10回
×
5~8セット

← P.129参照

⑫ミニハードル片脚ジャンプ

左右各3往復
×
5~8セット

← P.134参照

⑬前方&サイドジャンプ

左右各10回

← P.135参照

⑭バック斜めジャンプ

左右各10回

← P.136参照

ケガの多くは「姿勢の乱れ」や「筋力不足」から起こっている

高いレベルでプレーするためには、技術や体力と同時にケガをしないことも大切。ケガをしてしまったら、早期回復はもちろん、ケガの原因を追及して再発を防止しよう。

テニスで起こるケガの多くは、①フォームや姿勢の乱れ、②筋力不足が原因と考えられます。

打球が強くなってくるとインパクトから受ける衝撃も大きくなります。全身の力を効率よく使ったフォームで打てていないと、どこかに偏った負荷がかかってしまいます。その結果、負荷が大きすぎたり、疲労が早まることでケガが起こります。

筋力不足によって姿勢が乱れることもあります。自分の体をコントロールできるだけのバランス力や筋力がないことで、姿勢が乱れてケガをするケースも少なくありません。

最初はできていても、試合や練習の後半になると姿勢が乱れてくるケースなどが例に挙げられます。

また、筋力の弱い部位があると、強い部位の筋肉を使ってそれをかばった動きになってしまいがちです。

ケガをしてしまった場合は、ケガの回復を待ち、医師の指導のもとに必要に応じたトレーニングをすることが大切です。

ケガをした部位を強化するケースもありますが、それ以外の部位に問題があることも多いので、まずケガの原因を理解することが大切です。

ケガの原因を理解する

ケガの原因がどこにあったのかを理解して、ケガで弱くなった部分だけでなく、強化しなければならない部分を特定する。

例）ストローク中にひじを痛めた

体幹のターンはできているが腕でスイングしているため、ひじや手首に負荷がかかりやすい

トレーニング

必要に応じたトレーニングを行うことで、ケガの再発防止につながります。行うタイミングや負荷は医師と相談することが大切です。

対処例）胸の筋肉の強化

胸の筋肉が使えていないことで、重心移動や体幹からのパワーが腕に伝わらないことで手打ちになる

下半身のケガからの復帰トレーニング

下半身のケガは、姿勢の乱れから起こることが多く見られます。

自分の体重をコントロールするためのバランス力や筋力が不足していると、切り返し動作のときなどに、足首、ひざ、股関節などに大きな負荷がかかって痛めることが多くなります。

また、ダッシュ＆ストップ動作やジャンプ＆着地動作など大きな瞬発力を発揮する場面で、筋力が不足していたり、筋肉の柔軟性に問題があると、関節付近の筋肉の付着部を痛めたり、大腿部、臀部、ふくらはぎなどの肉離れを起こすことがあります。

① カーフレイズ

損傷部位 ふくらはぎ 足首

まっすぐ立ったところから かかとをゆっくり浮かせ ゆっくり元に戻す

足首のねん挫やふくらはぎの肉離れなどの下腿部のケガが完治したところで行うトレーニング。広い可動域で力を発揮できるようにしておきましょう。

下半身 ② トゥレイズ

損傷部位 すね 足首

脚を床につけてイスに座り つま先をゆっくり浮かせ ゆっくり元に戻す

足首のねん挫やシンスプリントなどの下腿部のケガが完治したところで行うトレーニング。すねの筋肉を使ってつま先を持ち上げましょう。

下半身 ③ ワイドスタンススクワット

損傷部位 太もも 股関節 臀部

脚を左右に広げた広いスタンスでおしりを後方に突き出すようにゆっくり腰を落とし、ゆっくり元に戻す

太もも、臀部、股関節まわりの筋力や柔軟性に問題があると、バランスを崩しやすく、足首、ひざ、股関節などにかかる負荷が大きくなります。

肉離れなどを起こした場合は、柔軟性を高めた上で筋力も強化しておきましょう。

下半身 ④ 腰わりスクワット

損傷部位 太もも 股関節 ひざ

詳しくはP.82参照

つま先を外に向けたスタンスでゆっくり腰を落とし、ゆっくり元に戻す

とくに太ももの内転筋群の強化を行えるスクワットが「腰わり」です。股関節まわりの筋力と柔軟性アップに効果的なトレーニングです。

下半身 ⑤ スローホッピング

損傷部位 足首 臀部 脚部全般

まっすぐに立った姿勢で その場で弾むように軽くジャンプする

足首、ひざ、股関節などの関節を傷めやすい人には、着地の衝撃を利用した動きが苦手なケースが多く見られます。

その場ジャンプを行うことで体の使い方をおぼえると同時に、アキレス腱などの腱の収縮能力を高め、体のバネを強化することができます。

下半身 ⑥ 下半身複合トレーニング

損傷部位 太もも 股関節 ひざ

両手を胸の前で合わせて スクワットしたところから つま先立ちになって伸び上がる

バランスを崩しやすかったり、下半身からの力の伝達が悪い人に適したトレーニングです。バランスを崩さないように下半身で発揮したパワーを上に伝達しましょう。

1 2 3

体幹部のケガからの復帰トレーニング

テニスで体幹を痛めるケースも多く見られます。具体的には腹直筋や腹斜筋の肉離れ、腰や背中の傷害などが挙げられます。

これらの傷害は、筋力のバランスが悪い方に多く見られます。下半身や上半身の筋力に比べて体幹が弱い人が、全身を使ってスイングしようとすると体幹部にかかる負荷が大きくなります。

それとは逆に、体幹部が強いことで重心移動が使えずに、体幹に頼ったスイングをすることでケガをするケースもあります。この場合は、正しい重心移動をおぼえることが大切です。

体幹部 ① スロー腹筋

損傷部位 腹筋 背筋 腰

あお向けでひざを立て
手を頭の後方で組んで
浅い腹筋をゆっくり行う

体幹部のケガが回復してもすぐに大きな負荷を加えてしまうと再発してしまいます。まずは低負荷のトレーニングから始めましょう。

下半身 ② ベントオーバー

損傷部位 腹筋 背筋 腰

手を頭の後方で組んで広いスタンスで立ち
背中を丸めて上体を前に倒し、
背中を伸ばしながら上体をゆっくり起こす

体幹部を痛めてしばらく動かせないでいると、とくに背部の筋肉の柔軟性が低下します。しっかり伸ばしたところから徐々に力を発揮させるトレーニングをしておきましょう。

下半身 ③ 上半身のツイスト

損傷部位 腹斜筋 腹直筋

あお向けで両ひざを立て
両手を胸の前で合わせて背中を浮かせ
ゆっくり上体を左右にひねる

横腹の筋肉（腹斜筋）は、斜めに網目状に走っている2層の筋肉です。上体をひねってスムーズに伸展と収縮をできるようにしておきましょう。

体幹部 ④ レッグアップツイスト

損傷部位 腹斜筋 腹直筋

あお向けで両脚をそろえて浮かせ
両手を広げて姿勢を安定させた姿勢で
脚をゆっくり左右に倒す

上半身のツイストが腹斜筋上部に効果があるのに対して、腹斜筋下部に強めの負荷を加えることができるトレーニングです。反動をつけずにゆっくり脚を動かしましょう。

体幹部⑤ うつ伏せレッグツイスト

損傷部位 太もも 股関節 ひざ

うつ伏せで両手で床を押さえて姿勢を安定させ、脚を後方でクロスさせるように下半身をひねる

腹斜筋および背部の筋肉の柔軟性を高めると同時に肩甲骨の動きもよくするためのトレーニング。体幹と肩甲骨をスムーズに連動して動かせるようにしておきましょう。

体幹部⑥ サイドベント

損傷部位 太もも 股関節 ひざ

肩幅より少し広めのスタンスで立ちゆっくり上体を横に傾けゆっくり元の姿勢に戻す

わき腹の筋肉の伸展と収縮をさせるためのトレーニングです。みぞおちの位置が中心から大きくずれないように正しい姿勢で行いましょう。太ももに沿って手を滑らせるように上体を傾けましょう。

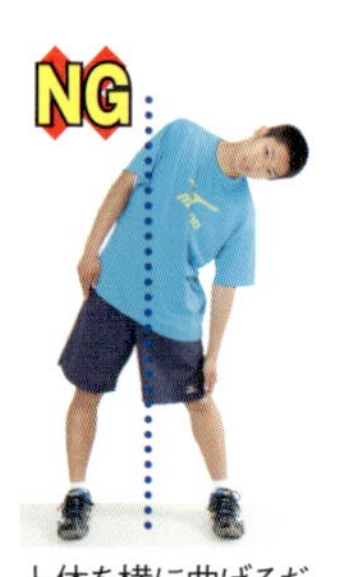

上体を横に曲げるだけではわき腹がそれほど伸展されない

上半身のケガからの復帰トレーニング

　インパクトの衝撃で故障しやすいのが腕部です。なかでも、手首やひじなどの関節部分を傷めるケースが多く見られます。
　傷害の原因として挙げられるのは、フォームが乱れることで腕力に頼った「手打ち」になってしまうことです。腕力に頼ったスイングは、ラケットヘッドのスピードがそれほど上がらないため、腕が受ける衝撃が大きくなります。
　また、腕や胸にある程度の筋力がないと、オーバーワークによる傷害も起こりやすくなります。練習や試合の後半になっても疲労しないだけの筋肉の持久力をつけておきましょう。

上半身① チューブトレーニング（手首・ひじ）

損傷部位　手首　前腕

チューブの握り方はP.89参照

手のひらを上に向けてチューブを持ち もう一方の手で腕の位置を固定して 手首の曲げ伸ばしを行う

　手首や前腕、ひじなどを傷めた後の機能回復トレーニングです。ゆるめの負荷でゆっくりと、手首まわりの筋肉をまんべんなく動かしておきましょう。

上半身② チューブトレーニング（ひじ）

損傷部位　ひじ　上腕

チューブの握り方はP.89参照

1

2

手のひらを上に向けてチューブを持ち もう一方の手でひじの位置を固定して 腕の曲げ伸ばしを行う

　ひじや上腕を痛めた後の機能回復トレーニングです。ゆるめの負荷でゆっくりと、ひじ周辺の筋肉をまんべんなく動かしておきましょう。

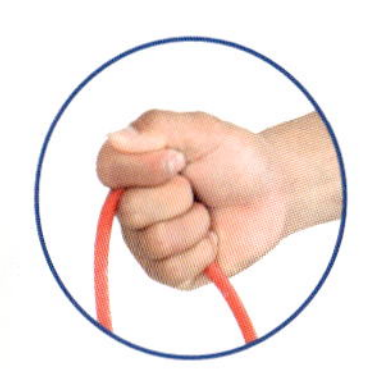

上半身 ③ チューブトレーニング（肩）

損傷部位 肩 肩甲骨

チューブの握り方はP.89参照

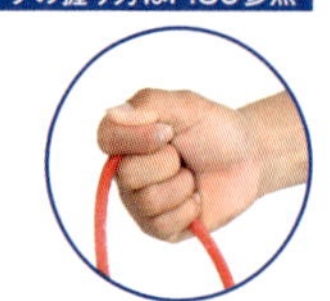

肩を痛めた後の機能回復トレーニングです。肩はもっとも可動域の大きな関節です。ゆるめの負荷でゆっくりと、さまざまな方向から肩まわりの筋肉をまんべんなく動かしておきましょう。

❶ 伸展

チューブの一端を持ち
もう一端を足で固定して
腕をゆっくり上げる

1 2 3

❸ 内旋

チューブの一端を後方に固定し
ひじの位置を変えずに
前腕をゆっくり前に倒す

❷ 外旋

チューブの一端を前方に固定し
ひじの位置を変えずに
前腕をゆっくり上げる

❹ クロス挙上

腕を体の前でクロスさせて
チューブを持ったところから
両腕を斜め上方に上げる

上半身④ 肩のストレッチ

損傷部位 肩 肩甲骨 背中

四つ這いの姿勢になったから体の下に腕を滑り込ませるように肩を床につけて体重をかける

肩や肩甲骨まわりのケガから復帰する場合は、周囲の細かい筋肉群の動きをよくしておくことが大切です。ストレッチで可動域を確保して、スムーズに動くようにしておくことが再発防止につながります。

1

2 3

上半身⑤ スロー腕立て伏せ

損傷部位 肩 肩甲骨 腕部

肩幅より少し広めのスタンスで手を床について ゆっくり腕立て伏せを行う

肩まわりや腕の傷害が起きるのは、胸の筋肉を使えていないのが原因になっていることが多いものです。胸の筋肉を使う意識を高め、強化しておくといいでしょう。

1 2

あとがき

本書では、テニスをプレーする多くのジュニア選手たちが毎日の生活や練習の中にトレーニングを取り入れるときに、ぜひ参考にしていただきたいプログラムを紹介しました。

テニスをする目的は、楽しむため、強くなるため、将来のプロを夢見てなど様々ですが、子どもの時期にしっかりと体を鍛える習慣を身につけていくことがとても大切です。トレーニングを特別のものととらえずに、テニスをプレーするために行う当たり前のものとして考えることが大切です。

子どもの時期にテニスのテクニックを練習することで、その技術は著しく上達していきます。しかし、そのテクニックをコート上でバランスよく表現するには、プレーによって体にかかる負担に耐えられる筋肉やバランス力が必要になってきます。

多くの子どもたちはボールを打つ練習が好きなため、その練習に費やす時間が大半を占めています。しかし、テニスのレベルアップのため、ケガをしないでプレーを続けるためには、ラケットを握らないで行う練習、すなわち「トレーニング」が絶対不可欠となります。

そこで、トレーニングをする時間を自分で積極的に作り出すことも大切になります。日ごろの練習以外にどれだけの時間をトレーニングに費やすことができるかで、テニスのレベルアップの速度や幅も変わります。計画的に自分を管理する「自己管理能力」を身につけていくことが大切です。

テニスはとても激しい動きと十分な体力を要求される競技です。日ごろからしっかりトレーニングにとり組み、ケガをしない体と自分の思ったプレーをするための動きやバランスを身につけてください。

体を鍛えることで自信がつき、頑張る心も強くなります。それが「体・心・技」の考えです。皆さまの夢の実現や目標を達成するために、最高のパフォーマンスを発揮できるようになりましょう。

井上正之